中英文版

NMC

新媒体联盟地平线报告

Horizon Report > 2015 Museum Edition

（2015 年博物馆版）

美 国 新 媒 体 联 盟 著
中国科协科学技术普及部 组织编译

中国科学技术出版社
·北 京·

图书在版编目（CIP）数据

新媒体联盟地平线报告（2015年博物馆版）：中文、英文 / 美国新媒体联盟著；中国科协科学技术普及部组织编译. — 北京：中国科学技术出版社，2016.5

书名原文：*NMC Horizon Report: 2015 Museum Edition*

ISBN 978-7-5046-7050-2

Ⅰ. ①新…　Ⅱ. ①美…　②中…　Ⅲ. ①博物馆学—文集—汉、英　Ⅳ. ① G260-53

中国版本图书馆 CIP 数据核字（2016）第 036772 号

著作权合同登记号：01-2016-1385

策划编辑　辛　兵　秦德继
责任编辑　单　亭　崔家岭
装帧设计　中文天地
责任校对　何士如
责任印制　张建农

出　　版　中国科学技术出版社
发　　行　科学普及出版社发行部
地　　址　北京市海淀区中关村南大街16号
邮　　编　100081
发行电话　010-62103130
传　　真　010-62179148
网　　址　http://www.cspbooks.com. cn

开　　本　787mm × 1092mm　1/16
字　　数　190千字
印　　张　10.5
版　　次　2016年5月第1版
印　　次　2016年5月第1次印刷
印　　刷　鸿博昊天科技有限公司
书　　号　ISBN 978-7-5046-7050-2 / G · 705
定　　价　45.00元

《新媒体联盟地平线报告》
编译委员会

主　任　辛　兵　秦德继

副主任　霍瑞娟

委　员　张　章　胡京波　马　骏　卢小戎

译　者　霍菲菲　张　章　吴　悦　李晨光
　　　　　张海波　郭万里　马新蕾　杨士丽
　　　　　单　亭

审　译　欧建成

审　定　辛　兵　秦德继

序　言

新媒体联盟（New Media Consortium）是一个非营利协会，主要关注新媒体和新技术的探索和使用。它的会员中很多是世界上著名的学院、大学和博物馆。20多年来，该协会和它的会员们一直在致力于为学习、研究和创新来探索和开发新兴技术。

《新媒体联盟地平线报告》是新媒体联盟地平线项目研究成果的一部分。地平线项目研究启动于2002年，旨在勾勒出影响全球教育领域的教、学以及创造性探究的新兴技术。每一年都会发布几类不同版本的地平线报告，分别聚焦于高等教育、基础教育和博物馆领域。截至2013年，新媒体联盟已发布了近30个版本的地平线报告，被翻译成多种文字在全球传播。

2010年，新媒体联盟与美国博物馆协会合作，开始发布《新媒体联盟地平线报告（博物馆版）》。检视未来五年有可能给全球范围博物馆教育及传播产生广泛影响的新兴技术，并对由此引发的博物馆教育发展的趋势及关键挑战进行了介绍。这标志着新技术与博物馆的融合研究正式进入更多研究者的视野，该项目研究过程经过严谨设计，成为教育技术研究关注的热点问题。在不严格区分博物馆、科技馆等内涵差异的情况下，各类场馆在教育技术应用方面具有相似性。新媒体技术给各类场馆的发展带来了重大的机遇和挑战。作为人类历史和文化的载体，包括科技馆在内的各类场馆必须顺应时代潮流，把技术和服务相结合，带动场馆向现代化发展。《新媒体联盟地平线报告（博物馆版）》对科技馆乃至整个科普领域都有重要的指导作用。

针对我国各类自然、历史、艺术和科技教育等场馆很多，但由于起步晚、底子薄，对新兴技术的接纳相对滞后，教育技术研发与应用存在盲目性，缺少针对性和前瞻性的情况。2015年，我们组织编译出版了《新媒体联盟地平线报告（2013年博物馆版）》（The NMC Horizon Report：2013 Museum Edition），并准备以此为起点，引入先进的科普理念，提升科普工作人员的自身技能。本着这一目的，我们又继续组织编译了《新媒体联盟地平线报告（2015年博物馆版）》（The NMC Horizon Report：2015 Museum Edition）以期待真正培养出一批高水平、具有创新能力的科普专业人才。

随着新技术的不断应用，还需要拥有一批素质过硬的新媒体技术专家，从而建立起专兼结合，以专职为核心，兼职为主体的团队，唯有如此，才能够真正把深奥的科学知识通过妙趣横生的技术手段表现出来，并能够根据形势不断创新，推动我国科技馆事业迈向一个新的台阶。

《新媒体联盟地平线报告（2015年博物馆版）》编译委员会

2016年1月

目录

Table of Contents

概 要

博物馆未来 5 年的前景是什么？技术方面的哪些趋势和重大研发将推动博物馆教育和解说的改变？我们认为可以解决的挑战或难以克服的挑战是什么？我们如何能够为有效地解决方案制定实施战略？这些问题以及技术应用和教育变革方面的类似问题引领 54 位专家团体进行合作研究和讨论，并通过与巴尔波亚公园在线合作公司（BPOC）联合完成了《新媒体联盟地平线报告（2015 年博物馆版）》。新媒体联盟地平线系列报告展示了技术发展在未来 5 年对全球各地的博物馆教育和解说功能的影响。该系列报告的研究和出版已经超过 13 年，对新兴技术发展趋势及其在教育方面应用的探索可以看作是全球历时最长的一次。

专家们一致同意的具有中期影响的两个趋势是：博物馆之间开展的愈来愈多的合作，以及对数据分析对博物馆经营影响的注重。这些只是《新媒体联盟地平线报告（2015 年博物馆版）》所分析的 18 个主题中的两个。该报告对未来五年很有可能对全球博物馆的变化产生影响的主要趋势、重大挑战及技术上的重要发展做了说明。

在博物馆面临的挑战中，制定数字化战略被认为是一种解决方案。一些博物馆已经开始行动。在纽约大都会艺术博物馆，他们重新考虑了他们的组织战略，将数字化管理完美整合到了他们的经营中。他们创建了新的数字化部门，新招募了首席数字官，配置了资源和设施以推进创新。[1] 另一方面，专家们将隐私问题确定为最棘手的挑战，认为这个挑战难以定义，所以就更谈不上解决了。令专家们对这一挑战更加束手无策的是随着数字世界的快速发展，人们对隐私的期望在不断改变。

新媒体联盟地平线项目的研究和出版已经超过 13 年，它对新兴技术发展趋势及其在教育方面应用的探索可以看作是全球历时最长的一次探索。

鉴于观察到的趋势和挑战，专家组

* 文中注释参考英文版之后所附注释。

也指出了可以支持推动创新和变革的技术发展。预计博物馆在今后一年或不到一年的时间里将会越来越多地采用自带设备（BYOD）、游戏和游戏化这些技术以利用移动参与和网络参与，预计未来两三年内会采用位基服务和创客空间，而自然用户界面和物联网有望在未来四五年内成为博物馆采用的主流技术。

本报告的3个主要部分构成了可供包括员工、领导者、董事会成员和决策者在内的所有博物馆专业人员参考使用的技术规划简明指南。我们希望，这项研究将有助于读者了解众机构为改进、支持或扩大全球各地的博物馆教育和解说而正在做出的技术选择。世界各地的博物馆和教育界领军人物都倚重新媒体联盟项目，将其全球报告和区域报告作为重要战略技术规划的参考，《新媒体联盟地平线报告（2015年博物馆版）》正是为此而制作的。

《新媒体联盟地平线报告（2015 年博物馆版）》的论题

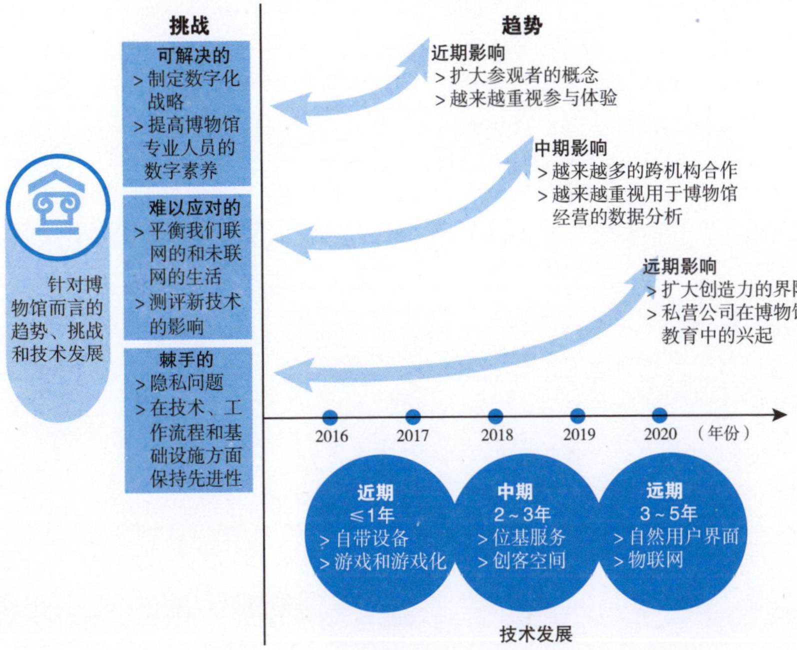

导 言

下文将对2015年新媒体联盟地平线项目博物馆专家组精心挑选的有关技术应用的18个论题进行研究，所有这些论题都极有可能在未来五年（2015～2019年）影响技术规划和决策。6大主要发展趋势、六项重大挑战及教育和解说技术上的6个重要发展被直接置于他们对博物馆核心任务可能造成的影响这一语境内，并对他们进行了简洁、通俗和公正的详细介绍。对他们的介绍都是紧紧围绕着相关性、政策、领导力和实践这些基本问题展开的。

该《新媒体联盟地平线报告（2015年博物馆版）》是博物馆年度系列报告的第5年年度报告，由新媒体联盟（NMC）和巴尔波亚公园在线合作公司（BPOC）双方共同完成。国际认可的《新媒体联盟地平线系列报告》和区域性《新媒体联盟技术展望》是新媒体联盟地平线项目的组成部分。该项目是新媒体联盟于2002年确立的综合项目，用来确定和描述未来五年有可能对全球各类教育部门产生很大影响的重要技术发展。

在此详述的主要趋势、挑战和技术发展将直接对博物馆环境中各层级的政策、领导力和实践进行介绍。本报告旨在帮助博物馆、博物馆董事会和教育界领军人物在战略上应对博物馆教育和解说的进一步演变。根据每个论题对全球博物馆教育和解说的潜在影响对该论题进行了仔细研究和说明。

该报告的前两部分侧重于分析推动技术决策和规划的趋势以及有可能阻碍新技术采用的挑战。对于每个趋势或挑战都讨论了其对博物馆政策、领导力和实践的影响，并给出了实例和相关的阅读材料。

最后的第三部分根据前两部分所述的趋势和挑战对技术上的6个重要发展进行了描述。博物馆对这些技术是采用还是放弃在很大程度上将取决于全球对推动和阻碍创新及变革的这些因素的反响。

《新媒体联盟地平线报告》在高等教育、中小学教育（K-12）、博物馆和图书馆这四个涵盖全球的专辑中都突出了未来五年在其各自关注的领域内有可能进入应用主流的6个技术上或实践上的重要发展。将会在同期影响当前做法的主要趋势和挑战为这些讨论划定了范围。关于趋势和技术的讨论是根据时间将他们分为3类进行的。关于挑战的讨论是根据挑战的范围在类似的三部分框架结构内进行的。

在此详述的主要趋势、挑战和技术发展将直接对博物馆环境中各层级的政策、领导力和实践进行介绍。

《新媒体联盟地平线报告（2015年博物馆版）》的研究和创作过程遵循了新媒体联盟地平线项目范围内开展的所有研究都使用的方法。新媒体联盟地平线报告的所有专辑都是经过初步研究和二次研究完成的。纳入每个专辑报告的主题都是对几十个有意义的发展趋势、挑战以及重要的技术发展进行研究后挑选出来的。

每份报告都借鉴了国际专家小组的广博专业知识，国际专家小组首先对一系列广泛的重要发展趋势、挑战及技术发展进行商议，然后对他们进行深入细致地研究和删减直到选出最终列入目录的趋势、挑战和技术。这个过程在网上进行，记录在新媒体联盟地平线项目的维基网上。该维基网旨在充当一个公众藉以了解地平线项目的完全透明的窗口，它不仅提供项目进展的实时记录，而且也包含自2006年以来出版的各专辑的全程记录。《新媒体联盟地平线报告（2015年博物馆版）》所使用的维基网可以在 museum.wiki.nmc.org 上找到。

今年该国际专家小组由来自四大洲10个国家的54位技术专家组成，他们的名字和所属单位列在本报告的末尾。尽管他们的背景和经验各异，但他们都一致认为每项概述的技术将在未来5年对世界各地的博物馆教育和解说有重大关联。有着很好应用前景的主要趋势以及博物馆若要实现其潜力将需要解决的重大挑战就代表了他们的观点。

本报告中各论题的选择程序是基于改进的特尔斐法，该方法经过新媒体联盟地平线报告迄今13年的编制得到了不断完善。首先是专家小组的组成，小组成员的背景、国籍和兴趣千差万别，但都有各自的相关专长。在新媒体联盟地平线项目十年的研究中，超过1500名国际认可的从业者和专家参加了该小组，每年都有三分之一的成员是新人，以确保每年都能流入新视角。新媒体联盟鼓励提名专家组成员，具体方法请参阅 go.nmc.org/horizon-nominate。

一旦组成了特定专辑的专家小组，小组成员首先做的是对重要技术发展的相关文献资料进行系统审阅，包括剪报、报告、论文和其他材料。项目开始时，小组成员会获得一套广泛的背景材料，要求他们进行评议，找出那些看似特别有价值的添加到选材库中。小组成员对重大技术发展的现有应用进行讨论，并针对新应用集思广益。一个论题能否被纳入本书的一个关键标准是其与博物馆教育和解说的潜在关联性。精心挑选的数百个相关出版物的RSS资源库确保了背景资源和项目进度保持同步，这些背景资源用来启发小组成员的思考。

完成文献资料的审阅后，专家组开始致力于研究的核心——新媒体联盟地平线项目研究的核心问题。这些问题的设计旨在引发专家组对令人关注的技术、挑战和趋势进行全面罗列。这些问题如下：

1. 新媒体联盟地平线项目研究列表中的哪些重要技术发展在未来5年之内对博物馆教育和解说而言是最重要的？

2. 我们的列表中缺少什么重要技术发展？请考虑下面这些相关问题：

> 在一些博物馆今天正在使用的而且可以说是所有博物馆都应广泛使用以支持教育和解说的技术中，您会将哪些技术列为成熟技术？

> 在消费、娱乐或其他行业拥有坚实用户基础的技术中，有哪些技术是博物馆应该积极寻找各种方法予以应用的？

> 您看到的已经发展到博物馆应该开始在未来4~5年留意的关键新兴技术是什么？

3. 您预计哪些趋势会加速博物馆对技术的采用，从而影响博物馆履行其核心使命——教育和解说的方式？

4. 您认为作为博物馆教育和解说的障碍并阻碍博物馆技术采用的主要挑战是什么？

此方法的第一步是使用多选投票系统对上述研究问题的回答进行系统排序，放入采用范围内让小组成员对他们的选择进行权衡和分类。这些选择被放在一起进行排序，意见最为一致的选择自然就会很快一目了然。

根据最初审议的适用于任何报告的含趋势、挑战和重要技术发展的完整列表，该专家小组探讨了这些论题影响博物馆教育和解说的方式。对于从业者将会感兴趣的那些论题，将花费大量时间来研究每个论题的实际应用和潜在应用。这些工作完成后，会按照新媒体联盟地平线报告的格式将每个论题都写出来，各版本均是如此。全面了解每个论题在报告中的位置后，会对暂定报告中的这些论题再次排序，这次是反向排序。专家组最终选定的论题就是此《新媒体联盟地平线报告（2015年博物馆版）》中详述的这些论题。

加快博物馆技术应用的关键趋势

以下几页中描述的6大趋势是由该项目的专家组经过一系列基于特尔斐的循环投票选出的，每个都伴随着数轮案头研究、讨论和对论题的精炼。专家组成员一致认为极有可能在未来5年推动技术规划和决策的这些趋势根据其影响被分为了3类：具有近期影响的趋势，即通常已经在影响决策并将继续在5年以上的时间内发挥重要作用的趋势；在未来3～5年可能会继续成为一个决策因素的具有中期影响的趋势，以及现在正在推动博物馆采用技术但其重要性仅会维持1～2年，一两年后就会变得司空见惯或慢慢消失的具有远期影响的趋势。

具有远期影响的趋势已经成为许多博物馆教育界领军人物进行讨论和深入研究的题目了，但具有近期影响的趋势却经常缺少大量具体的证据来证明其有效性和对未来的指向。本报告中列出的所有趋势对博物馆的影响都通过一系列网上讨论进行了探讨，这些讨论可以登录 museum.wiki.nmc.org/Trends 进行查阅。

新媒体联盟地平线项目模型从政策、领导力和实践这三个维度对每个趋势和挑战进行集中讨论。在本报告中，政策指的是治理博物馆的正式法律、法规、规章和准则；领导力指的是专家基于研究和深入思考得出的关于未来学习的愿景；实践则指的是新想法在博物馆和相关环境中的实施。

政策 虽然所有已确定的趋势都影响了政策，但预计有两种趋势在未来五年尤其会对政策的制定产生很大影响。数据分析已经成为各国政府和博物馆感兴趣的一个主要议题，因为战略性的财政支持决策往往取决于量化活动。ENUMERATE 项目正在对欧洲有关数字化和数字化保存的统计数据进行分析，以确定该区域内的需求。[2]

同样的，目前在博物馆时兴引入更多的参与型体验这一趋势的影响在未来一两年会达到最大化，这就需要呼吁制定更多的体制政策。在世界各地的博物馆举行的“博物馆自拍日”引起了很多关于博物馆内拍照许可范围的争论。[3]

具有远期影响的趋势已经成为许多博物馆教育界领军人物进行讨论和深入研究的论题了，但具有近期影响的趋势却经常缺少大量具体的证据来证明其有效性和对未来的指向。

领导力 在下面几页中讨论的所有已确定的趋势都对领导力有影响，但作为独具实现愿景和领导力的机会，两种趋势脱颖而出，一是推进链接开放数据的倡议要求博物馆专业人员进行跨机构合作，以分享最佳实践和标准；二是图书馆档案室和博物馆的链接开放数据（LODLAM）是该领域内共享语义应用的中心。[4]

在领导力的讨论中得到强调的具有近期影响的趋势是博物馆怎样才能更好地与网上参观者建立密切关系。该趋势反映了越来越多的人认为博物馆能够制定吸引网上参观者的方案和战略。美国水晶桥艺术博物馆已经成为该领域的领导者，它创建了一个整个阿肯色州每位高中生都能使用的远程学习方案。[5]

实践 专家组确定的六大趋势中，每个趋势都对博物馆教育和解说有着众多影响，这方面的例子俯拾即是。创造力的扩展是以下几页中强调的两个正在形成的具有长期影响的趋势之一，当前出现的新型艺术创作正体现了这一趋势。例如，艺术家劳里·弗里克将量化自我和数据可视化连接起来，创作出了丰富多彩的抽象雕塑和绘画。[6]

在世界各地，私营公司正在开发教育项目，以补充增加博物馆的传统教育项目。该想法是要提供不太可能通过博物馆运营预算获得经费的项目。安大略科学中心已与思科系统公司合作，以提供先进的网络技术，并为“思科科学奖学金”提供经费，促进研究和最佳实践的交流。[7]

以下几页将对今年的专家组予以强调的每个趋势进行讨论，包括趋势概述、趋势的影响和对该论题进行扩展阅读的一系列推荐。

扩大创造力的界限

远期影响：在五年或更长时间内推动博物馆采用技术

博物馆长期以来被认为是其所在社区创造性表达的灯塔。美国博物馆联盟的《趋势和潜力的前景报告》称博物馆“在创意产品新领域的培育、记录、组织、解说及让大众进入该领域方面发挥着至关重要的作用。”[8]新兴技术不仅能够使博物馆以创新方式展示其作品，而且还为艺术家能够进行的艺术创作增添了新的维度。像画笔一样使用激光进行数字绘画以及对机器人进行编程从而实现和参观者的互动，这只是艺术的定义如何被扩展而远远超出传统技法的两个例子。[9]同样，将艺术家们仅仅视之为画家或雕塑家的传统看法也被大大拓宽了，技术为不同类型的优秀人才进入艺术创作领域提供了看似无限的可能性。只有博物馆适合将这些创意作品的情感冲击最大化，因为博物馆可以对采用技术以增强展示效果的空间进行个性化安排，从而提升访问者的参观体验并使该体验个性化。

概述

随着技术的发展，人们已经开始期待他们经常光顾的地方能够跟上技术发展的步伐。在过去几年里，博物馆变得更方便使用移动设备了，并与参观者最喜爱的应用程序和社交网站更加紧密地融合。[10]在创造力这一核心价值观的指导下，充分利用新兴工具使博物馆能够促进更多的互动体验，这一趋势的重要性只会继续增加。南加州大学国际博物馆学院的院长兼费舍尔艺术博物馆的馆长声称“将创造力和实验作为一项长期的价值观意味着不断的创造和再创造已被认为是正常的而不是异常的行为了。”这一趋势的两个维度正在汇合：艺术家这一职业随着新工具和技术的出现所发生的自然演变，以及博物馆希望通过互动功能继续从更深层次上吸引参观者。

前者反映了在社会上技术越来越深入正规教育的这一大趋势。例如，艺术学院和众多教育机构专门开设了媒体艺术一整套课程，其中包括的专业有游戏设计和编程、动画和数字电影。[11] 无论是经过正式培训或是非正式培训，更多或许并非传统意义上的画家或雕塑家正在使用技术来创作能与人内心产生共鸣的作品。在荷兰，艺术家乔布、乔里斯和马里科使用 Ultimaker 2 三维打印机将动画片的单元格挤压入单个画面，使它看上去就像是在运动。这样做的目的是让观众觉得他们好像是在没有时间感的计算机世界里。这件作品目前正在阿默斯福特的康索博物馆展出。[12]

虽然是艺术家在进行创作，但博物馆负有找出最具启发性的方式大规模共享那些艺术作品的任务。此外，博物馆往往是那些不能用手进行互动的艺术品的守护者，也是我们永远不能经历的远古世界的守护者。因此，博物馆已在转向使用增强和虚拟现实等创造性工具来让人们体验历史上的物品或瞬间。例如国家自然历史博物馆推出了借助增强现实工具实现的“与恐龙同行”展览，从而使参观者能够体验和来自白垩纪晚期的霸王龙以及其他生物在一起的生活，这都是因为有了动作追踪技术。[13]

美国自然历史博物馆的“像翼龙一样飞”的互动装置采用了类似的技术，参观者可以振起他们的“翅膀”来控制屏幕上翼龙的动作。通过模仿，这种技术的使用也增强了学习体验。史密森尼国家航空航天博物馆 2014 年以头戴显示器（Oculus Rift）为特色的“星际”展能使游客像飞船里的机组人员那样探索飞船，他们会有失重的感觉并能看到银河中的不同景观。[14]

对政策、领导力或实践的影响

创造力的概念可能会给决策带来挑战，因为从定义上说，创造力是想象力和艺术性的产物。不过，各国政府已经日益明白培养创造力在教育中的重要性，并将博物馆看作是在文化及学术交流方面培育更多创新的孵化器。联合国教科文组织的“博物馆要进行文化间对话”这一倡议促成了国际博物馆网络的建立，这些博物馆向联合国教科文组织的虚拟博物馆提供历史文物，并受到鼓励要进行合作叙事。[15] 因为在博物馆中部署新技术会耗费巨资，所以需要政府不断公开表明对博物馆的支持。欧盟委员会在最近发表的报告《综合管理欧洲的文化遗产》中论述了博物馆作为创新教育力量在经济中的价值，点明了不应忽视对博物馆的财政资助。[16]

创造力在很多有关领导力的讨论中是最重要的，因为博物馆在持续不断地扩展创造力的边界。最近召开的英国博物馆计算机组会议的主题为博物馆的未来——后网络技术。[17] 通过集体讨论博物馆如何能够使用可穿戴技术和量化自我等新兴消费设备，人们找到了制定前瞻性计划和发展配套基础设施的机会。由于预算有限，小博物馆在技术支持的创造性体验设计方面很容易被落在后面，但幸运的是，英国的“合作艺术三螺旋”（CATH）项目正在令这些机构进行创新成为可能。“合作艺术三螺旋”召集学术机构、科技企业和小型文化机构资助数字原型展品的共同创作，以解决促进博物馆创意展品和方案形成方面的紧迫问题，如参观人流和艺术复制品的 3D 打印。[18] 博物馆也在使用技术提高可参观性。西班牙的普拉多博物馆最近利用 3D 打印技术首创了为视障人士举办的展览。该馆藏品中的名画被选来根据其纹理在内的各方面进行快速原型设计。[19]

这种趋势在实践中已经表现得很明显了，特别是围绕艺术的创作方式。例如，艺术家劳里·弗里克连续一年每天追踪她的时间、睡眠和运动。她将这些数据变为图像，从而揭示了行为的自然发展模式，表明通过可穿戴设备进行的数据采集如何能够使人们更好地认识他们的身体。[20] 在德国柏林的科尔恩公园，一件抽象的艺术作品每天都在改变外观，这都是得益于一个被编程进行涂漆工作的爬壁机器人的帮助。为了不断创造新的东西，这个名为“Vertwalker”的机器人甚至会用新的作品来覆盖它之前的作品。[21] 博物馆也在通过新设备改变他们吸引参观者的方式，将创意控制权转移给了他们的观众。Cuseum 是利用信标技术将参观个性化的一家新建公司。在波士顿图书馆、麻省理工学院李斯特视觉艺术中心和纽约新美术馆进行的先行测试中，游客使用 Cuseum 的智能手机应用程序来设计自己的参观路线，包括在那些被脸书（Facebook）上的朋友设定了电子书签的艺术品前进行的停留。[22]

扩展阅读

下面的资源推荐给那些希望更多了解“扩大创造力的界限”这一论题的人们：

你如何定义创新？600 多人在 DAM 的新报告中回答了该问题（视频）

go.nmc.org/define

（希瑟·尼尔森，丹佛艺术博物馆，2014 年 10 月 15 日）丹佛艺术博物馆在为期 18 个月的调查中通过文献审阅、3 次小组访谈、对参观者进行的 38 次采访以及对超过 600 人进行的调查来了解他们的方案对参观者创意生活的影响。**> 政策**

从智能手机到博物馆的墙壁

go.nmc.org/fromsma

（瑞纳·西尔弗兰，《纽约时报》，2015 年 2 月 10 日）美国俄亥俄州哥伦布艺术博物馆在一次历史活动中通过名为“此刻的移动照片”这一展览吸引了现代智能设备的用户们。该博物馆通过 Instagram 这款图片分享软件为在线展览（a pop-up exhibit）向大众征集特定主题的图片，就

像照片联盟在20世纪30年代的纽约市活动中召集艺术家拍摄特定主题，以促进社会和街头摄影那样。> 领导力

纽约新当代艺术博物馆的孵化器将帮助艺术家探索新兴技术

go.nmc.org/newinc

（瑞秋·奥莱纳，PSFK，2014年3月17日）纽约新当代艺术博物馆建成了一个名为NEW INC的孵化器，支持艺术家尝试快速增多的创作方法，包括3D打印和Arduino微控制器及头戴显示器等设备。因为认识到更多的艺术家和设计师都在进行创新思考和创作，该合作空间提供有专业发展培训、导师计划及可以使用的一个顾问和专家网。> 领导力

LACMA的艺术和技术实验室

go.nmc.org/lacm

（LACMA，2015年3月4日）LACMA的艺术和技术实验室对利用新兴技术从事创作项目的艺术家们进行公开选拔，向他们提供来自科技公司的多种赠款和实物支持，以帮助开发原创项目。该实验室还为公众举办包括半成品在内的多种展示和研讨会。> 实践

私营公司在博物馆教育中的兴起

远期影响：在五年或更长时间内推动博物馆采用新技术

开展博物馆教育的方法因为技术的浪潮而发生了改变，并根据不断影响博物馆经营和解说的数字范例进行着调整。虽然许多博物馆都已经因为这种改变使容纳能力和流程得到了增加和简化，但对于如何利用这些技术发展来加强博物馆教育，这方面还有很多讨论。近年来，许多公司及新建公司一直围绕教育这一目标和博物馆进行直接合作或是和博物馆一起展开工作。Museum Hack这家以互动方式提供高度个性化的大都会艺术博物馆参观服务的私营公司表明了这种趋势。该公司另辟蹊径，带领观众沿着一条非同寻常的路线进行参观，并让参观者参与对世界闻名的艺术品进行不同的解读。[23] 对于第三方介入如何能够帮助实现博物馆使命这个问题有各种不同态度；一些博物馆的专业人士认为，私人公司通过举起一面照射博物馆机构的镜子，显示出有待改进的地方来帮助完善博物馆的功能。无论是什么情况，一系列的企业和来自私营部门的外部努力正在朝着加深公众对文化遗产的兴趣这一首要目标越来越多地影响并塑造着博物馆的未来。

概述

日新月异的数字世界已经影响了博物馆业界在人力资源、技术基础设施和规划等各方面进行财务决策的基础。以教育和解说为重点的项目同样也发生了转变，因为技术不断推出新工具，使博物馆能够通过参观者的智能手机、应用程序和社交媒体网络吸引各地的参观者。本报告中详细介绍的许多博物馆正通过调整预算来更新他们的整体战略来提高并继续支持数字化提供资金。然而，中小型博物馆经常因为能力有限和资金缺乏而不能实现他们带有变革性的解说计划和远大的教育计划所包含的愿景。[24] 这一趋势正在为博物馆和以营利为目的的企业之间结成更多富有成效的伙伴关系铺平道路，这种伙伴关系的双重使命是引领人们去探索和理解文化遗产和艺术。

带领公众进行文化探索的第三方项目正在博物馆机构围墙内外同时开展。例如，应用程序Ingress是由谷歌旗下一个新建公司开发的鼓励玩家探索世界并对文化遗址产生兴趣的一款大型移动多人在线游戏。作为“夺旗”式的游戏，玩家必须找到在活跃地点隐藏的线索和细节，而那些活跃点都被地理定位在世界范围内各城市和各街区的历史地标处。[25] Ingress由谷歌地球（Google Earth）的创建者约翰·汉克设计，玩家分布在200个国家，这款游戏导致了玩家面对面的全球聚会，他们在异国相聚，以观光或“占领门户”为主要使命。[26] Museum Hack等公司则在当地为参观者提供了新的机会在Met内亲自了解珍品。Met是一家机构，面积21.3万平方米，占据中央公园面积5.21公顷。自2011年推出以来，该公司迅速扩展，以满足人们对由公司创始人和首席执行官尼克·格雷提供的体验进行尝试的需求，格雷刚开始时是自己独立提供这些类型的游览的。[27]

这一趋势的另一方面涉及博物馆如何利用由外部私人公司提供的教育产品以及如何将这些教育产品嵌入到博物馆的基础设施中或是利用他们来进行解说。例如，许多博物馆已经将他们的移动游览需求外包给了新创立的STQRY公司，该公司已经开发出了一个在线讲述故事的平台，面向的是那些希望改善探索机会的文化遗产机构。[28] 任何拥有该STQRY应用程序的人都能从他们所在区域的博物馆发现他们感兴趣的故事、看到博物馆的营业时间和门票价格，并能获得个人参观的指导。目前，STQRY的主页上重点推出的有16个博物馆，包括西雅图艺术博物馆，该馆的故事主要是关于馆内收藏的太平洋西北部土著部落的文物，配有全套的图片、音频剪辑和文本。[29] 同时，谷歌最近宣布公司推出了一个针对博物馆的平台，以开发既能够使博物馆利用包括街景（Street View）和播客网（YouTube）在内的现有服务同时又对技术知识要求很低的应用程序。[30]

对政策、领导力或实践的影响

尽管这一趋势可能在体制政策层面上并不明显，但国家层面却是在努力支持私营公司和博物馆的互动，以帮助实现创新这一共同目标。作为欧洲文化议程的一部分，开放式协调法（OMC）促进创造力伙伴关系工作组已出版了一份政策手册，对创造力伙伴关系进行了定义并提供了真实的案例研究，以证明创造力伙伴关系在发展个人技能和专业技能、提高创新及实现部门间交流分享方面所提供的机会。[31] 同样，支持当地博物馆的政府机构——北爱尔兰博物馆协会（NIMC）——已经制订了《博物馆和创意产业工具包》，该文件给出了博物馆为了扩大受众、提高馆藏品使用率和对公众进行文化遗产教育而与外部公司开展合作的方式和理由。[32]

文化领域内有许多机构和组织通过为博物馆和来自其他行业的公司如何进行合作树立榜样而成为了该趋势的引领者。为艺术向美国人进行倡议的私营部门组织的现任副总裁概述了企业支持博物馆的必要性，强调了艺术合作伙伴关系活动（pARTnership Movement）的成功，该活动将 25 个企业和 25 个文化机构联合起来，表明了创造性转换如何能够帮助合作双方保持竞争优势。[33] 总部位于英国的慈善机构内斯塔（Nesta）与英格兰艺术理事会和艺术与人文研究委员会合作成立了艺术数字化研发基金，该项目将公司和组织连接在一起，为推动新商业模式的创意提供资金或是为提高到达率及参与度提供创新性的方法。[34] 自 2012 年以来，该项目已经为关注文化遗产解说的 52 个项目提供了资助，持续提供的资金补助高达 125000 英镑，并计划在 2015 年前累计分配资助金 700 万英镑。[35]

在实践中，有一些博物馆正在扩大其提供的教育产品种类，而另外一些博物馆则在和私营公司发展更深层次的合作。大英博物馆的三星数码探索中心是文化遗产机构与营利性第三方开展互利合作以加强博物馆教育的一个典型。2009 年开业的三星数码探索中心举办免费的研讨会、会议以及面向家庭和学校的活动，中心配有能促进探索的最先进的数字化设备。[36] 此外，该中心已成为对数字化学习进行多次深入研究的中枢，供来自全世界的研究人员共同使用。[37] 安大略科学中心已开始与思科系统公司进行类似合作，该合作将为前者提供最新的网络技术并为“创新性学习技术思科科学奖学金”提供资金。该奖学金是思科公司支持的同类奖学金中首个以博物馆为中心的，它确定了科学中心和学校之间的联系，以促进对运用综合技术进行学习的研究和最佳实践方面的经验交流。[38]

扩展阅读

下面的资源推荐给那些希望更多了解私营公司在博物馆教育中的兴起这一论题的人们：

参观博物馆的孩子在阅读、数学及科学方面有更高的成就

go.nmc.org/achie

（德安妮·W. 斯旺，IMLS，2014 年 4 月 21 日）美国儿童早期纵向研究的数据被用来研究儿童在幼儿园时期参观博物馆对以后小学三年级学业成绩的影响。那些参观了博物馆的儿童在阅读、数学和科学方面比那些没有参观过博物馆的儿童取得的分数要高，这证明了博物馆在早期教育中应该具有重要作用。> 政策

为博物馆的教育使命鼓掌

go.nmc.org/appla

（约翰·M. 埃格尔，《赫芬顿邮报》，

2014年2月18日）博物馆正在通过合作变革教育，就像旧金山的加州科学院与旧金山公共图书馆、KQED及湾区视频联盟合作创建了一个数字化学习实验室和一个区域性青年计划网络，用年轻人在新经济时代所需要的21世纪技能来武装他们。> 领导力

A+UP

go.nmc.org/aup

（A+Up，2015年2月25日）A+UP是位于休斯顿博物馆区的一所公开申请的免学费的中学，它在休斯顿一系列文化和学习机构的现场上课，这些机构包括健康博物馆、美术博物馆、休斯敦动物园、儿童博物馆以及大屠杀博物馆。学生利用这些机构的藏品和资源开展深入的和动手型的学习项目。> 领导力

与博物馆及画廊合作，为未来的K-6教师连接起知识

go.nmc.org/teachers

（拉筹伯大学，2015年）拉筹伯大学教育学院、墨尔本博物馆及维多利亚国家美术馆和其他机构之间建立了合作伙伴关系，开发了获得认证的网上研究生教师教育课程，展示了博物馆和画廊是如何成为所有人都可以使用的公共学习空间的。> 实践

越来越多的跨机构协作

中期影响：在三至五年内推动博物馆采用技术

博物馆之间的共同行动在推动整个博物馆行业的技术使用最佳实践方面变得越发重要。越来越多的博物馆正在联合或联盟，形成两个或更多组织的联合会[39]，以整合资源或在创新举措方面保持战略上的一致性。今天的全球化环境使博物馆能够进行跨越国界的联合，朝着有关技术使用与藏品和展品的分享及共创这些共同目标而努力。对博物馆内借助技术实现的学习所给予的支持加强了博物馆结成联合体及联合会的趋势，因为业内的领袖们认识到共同行动是支持博物馆技术基础设施升级和数字产品更新的可持续方法。此外，许多博物馆位于大学校园内，这为博物馆提供了更多机会来利用大学的资源及其学术图书馆。[40]

概述

以认知为导向的机构之间建立正式合作关系的想法并不新鲜，但技术可实现的合作倡议的层面不断增加所增加的维度正在激发创意合作。这一趋势的起因反映在英国博物馆协会的“博物馆2020年”倡议中，这一倡议邀请业内专业人士在线提交他们对塑造博物馆未来的想法。[41]参与者的反馈意见主要集中在机构间在未来需要进行更多合作，以共享专业知识和借力彼此所在的团体。[42]此外，由多伦多大学和魁北克大学蒙特利尔分校开展的联合研究，探索了此类合作的动机和结果。研究人员指出，博物馆之间的合作与重要主题相关联，其中包括利用双方彼此技术的研发。[43]

博物馆也可以参考AAM的《趋势观察2015年》报告，开始在数字领域围绕共同目标，如产生更多的开放数据和在展览设计中加入可穿戴技术等制定合作的标准。[44]该报告针对博物馆如何应对这些日益引人关注的领域提供了具体建议。除了共享建议和加强员工学习，博物馆间的合作伙伴关系往往围绕着解决一个很大程度上不能由单一机构予以缓解的重大全球性问题而建立。纽约以志愿者为基础的博物馆参观协会（MAC）由来自大都市区的100个文化机构组成，该协会倡导为有残疾的参观者改进文化场所的设施，以实现无障碍参观。MAC召集成员创造建立社交网络的机会和外出参观博物馆，并建成了有关无障碍参观的示范性资源及准则的在线数据库。[45]

这种趋势的一个重要成分是开放的精神。谷歌文化研究所旗下的谷歌艺术项目将拥有让任何人在任何地方在线看到其馆藏品这一共同目标的世界各地150个博物馆联合在了一起，包括澳大利亚国家海事博物馆和日本幸魂史迹博物馆。[46] 这样可以将不同博物馆不同展览的收藏品放在一起观看，更清楚地看到特定艺术家和历史时期之间存在的关联。由开放知识基金会运营的OpenGLAM是另一个召集美术馆、图书馆、档案馆和博物馆向公众开放数字文化遗产作品的倡议。[47] OpenGLAM背后的网络包括了维基媒体基金会、互联网档案馆和欧盟数字图书馆（Europeana）。[48]

对政策、领导力或实践的影响

各国政府长期以来一直重视制定能够鼓励制定发展文化机构之间关系的政策。欧洲博物馆组织网络（NEMO）是一种合作关系，既有利于创造社交网络，也能促进整个欧洲大陆博物馆之间共享最佳实践，使他们能够在多边和国际项目上进行合作。[49] 该组织网络的一个焦点是向博物馆传播有关欧盟政策的相关信息。[50] NEMO使得博物馆员工更容易获悉相关政策，通过整合关键资源帮助理解文化政策的影响并围绕相关政策开发学习机会。在有关以技术为重点的博物馆馆际之间合作的政策方面，还有很多工作要做。有良好声誉的政府组织，如博物馆与图书馆服务研究院（IMLS）一直强调博物馆的空间需要更好地适合身体和精神上有障碍的人，这为围绕技术支持下的博物馆可及性这一重点进行的合作开创了先例。[51]

推进跨馆协作需要领导者设计出围绕以技术为中心这一宗旨将博物馆召集在一起的方案。图书馆档案室和博物馆的关联开放数据（LODLAM）是由处理该领域关联数据的技术人员和专业人士组成的一个网络。LODLAM网站是参与者之间共享资源和进行协作的一个中心。[52] 经常组织的面对面的线下活动也是传播最佳实践和塑造博物馆技术未来的关键。2014年，纽约大都会艺术博物馆主办了首届全球博物馆领导者论坛（GMLC），来自14个国家的博物馆领导者参加了“互联互通世界中的博物馆”这一计划。参加论坛的馆长们进行了小组研讨，为如何利用数字媒体和工具的潜力开展馆际之间的合作出谋划策。他们的提议包括建立新的传播渠道、对新兴技术采取联合的战略举措，以及设计新的单一目的展览平台。[53]

这些合作也能对学习产生深远影响，

特别是当博物馆被创造性地纳入正规教育的时候。2014 年秋季被卡尔顿大学录取学习公共历史硕士课程的学生们合作创建了加拿大历史博物馆的标志性展馆“加拿大历史馆”。在这个过程中，学生们与博物馆馆长和工作人员进行了交流，开展了重点研究，并提交了对展览要求的提案。[54] 跨机构合作对那些明显缺少创新预算的小型博物馆尤为重要。例如，查塔努加合作博物馆联合了创新探索博物馆、田纳西州水族馆和亨特美国艺术博物馆，其中的田纳西州水族馆能够与其他两个博物馆分享建立有效的信息技术网络的专业知识，从而使这两个博物馆都能受益于大规模的技术改进。[55]

扩展阅读

下面的资源推荐给那些希望更多了解越来越多的跨机构协作这一论题的人们：

学习型博物馆网络（LEM）项目

go.nmc.org/lem

（LEM，2015 年 2 月 17 日）学习型博物馆网络由欧洲委员会提供资助，是一些致力于解决《欧盟 2020 战略》中提出的挑战并积极推动终身学习的博物馆和文化遗产组织组成的一个永久性网络。> 政策

ARTSTOR 数字图书馆

go.nmc.org/artstor

（ARTSTOR，2015 年 3 月 4 日）ARTSTOR 数字图书馆与哈佛大学的皮博迪考古学与人类文化学博物馆以及华盛顿卡内基研究所等多家博物馆合作对博物馆收藏的艺术、建筑、人文和科学方面的数字图片进行分发，并提供一整套软件工具供教学和研究使用。> 领导力

博物馆的力量

go.nmc.org/univmus

（伊恩·怀利，《泰晤士高等教育》，2015 年 2 月 13 日）本文为那些开始表示愿意创建网络的大学博物馆指明了日益明显的多个趋势，并且分享了全国性组织，如德国的科技大学藏品协调中心（CCSUC）和由日本京都市 14 所大学博物馆组成的京都博物馆协会共享最佳实践。> 领导力

史密森尼学会与 14 家博物馆合作收集有关美国艺术的数据

go.nmc.org/lod

（劳拉·C. 马洛尼，《超级敏感度》，2015 年 2 月 6 日）史密森尼美国艺术博物馆（SAAM）发起成立了由美国 14 家博物馆组成的美国艺术联合会（AAC），该联合会将通过用关联开放数据（LOD）追踪藏品内容的搜索方式把这 14 家博物馆的收藏品连接起来。这样，对于 14 家博物馆的所有收藏品，用户都可以找到藏品和艺术家、材料及风格之间的关联。> 领导力

数字新西兰（DigitalNZ）

go.nmc.org/dnz

（DigitalNZ，2015 年 2 月 16 日）总部位于惠灵顿新西兰国家图书馆的 DigitalNZ 和蒂帕帕博物馆、亚历山大特恩布尔图书馆、奥克兰美术馆、Te Ara 及银屏上的新西兰等多家机构合作，共同汇集新西兰文物收藏品中超过 2700 万的数字作品，包括照片、海报和纪念品、剪报、艺术作品和出版物并提供浏览使用这些作品的路径。> 实践

多样性是艺术团体得以生存的关键

go.nmc.org/variety

（米利森特·马丁·埃默里，MySA，2015 年 2 月 1 日）小型社区的文化艺术组织往往能够通过合作和伙伴关系进行更好地经营。就像里奇蒙艺术博物馆和里德医院合作举办的年度艺术心灵盛会，该活动旨在吸引那些感兴趣的食客们支持健康和艺术。里奇蒙艺术博物馆的执行董事肖恩·丁沃斯解释了博物馆可采用的纳入尽可能多的合作伙伴从而使募捐建议提案对资助者更具吸引力的方法。> 实践

越来越重视用于博物馆经营的数据分析

中期影响：在三至五年内推动博物馆采用技术

全球90%的数据是在近两年中生成的，随着硬件、软件和网络的指数级增长，每天增加的字节数是250万的三次方。[56]近几年来，梅西百货、网飞（Netflix）和沃尔玛等公司一直在分析数据，以提高销售额和跟踪客户行为。[57]博物馆以前主要通过参观人数统计表和员工管理调查这些现在通常被认为是准确性及效率都比较低的方法来收集参观者的行为分析数据。这种情况直到最近才发生改变。[58]现在博物馆越来越多地在餐饮服务、市场营销、零售、研发和活动及展览设计等领域采用类似大型零售商所用的那些方法对参观者的信息进行分析，以创造更多收入和改进博物馆的经营效率。[59]随着博物馆开始进行数据分析和更多地了解他们的参观者，这些好处变得越来越明显了。这些数据分析不仅使博物馆能够更深入了解观众的兴趣和需求，还能使博物馆进行更有针对性的零售和提供参观者更关注的收藏品相关信息。[60]

概述

随着文化机构开始利用新的数据分析技术来指导经营，文化机构内部正在发生着重大转变。从参观者进入博物馆的那一刻起，就有许多方式在收集他们的数据以了解他们行为和兴趣的模式。过去参观博物馆时，通常都有一个门卫在入口处拿着一个发声设备清点参观者人数，之后参观者向前台的工作人员支付入场费并提供他们的邮政编码。这种类型的数据收集所提供的关于参观者体验的深入信息微乎甚微。现在许多机构放弃了这些传统方法，改用了先进的数字化数据收集方法。事实上，更多的博物馆正在取消他们的门票费和会员费，而倾向采用提供免费参观及各种激励来换取参观者个人信息的策略。

达拉斯艺术博物馆（DMA）的“博物馆之友”计划正在影响着其他博物馆，使他们考虑门票收入和了解参观者行为数据两者间究竟是哪一个更有价值。受到航空公司奖励计划的启发，DMA 进行了数据分析，以鼓励更多的回头观众，并加强与参观者的关系。通常 DMA 的会员会收到一张卡片，用于在他们参与活动或参加展览时收集积分，积分奖励的范围从礼品店折扣到免费停车不等。自从 2013 年推出该计划以来，DMA 的注册新会员已经超过了 5 万。[61] 大型机构采用了类似 DMA 的“博物馆之友”计划，小型机构虽没有采用类似计划，但也从数据分析中受益了。科罗拉多历史中心新采用的销售终端系统能够在参观者的人口统计数据及参观模式方面提供有价值的深入信息；他们了解到 40% 的参观者都是和家人一起来参观的，这个统计数据使该中心重新定位，制定了明确针对该类受众的计划。自从重新部署战略以来，该中心的参观人数及会员数量都增长了一倍。[62]

参观者一进入博物馆内，数据分析就会被用来了解馆内参观者行踪。大部分这类工作在过去是由员工直接观察完成的，现在已时过境迁，以卢浮宫为例，它现在分析短期停留的参观者（馆内停留时间不到一个半小时）和长期停留的参观者（馆内停留时间超过 6 小时）的参观模式时使用的是不会冒犯参观者的蓝牙传感器。卢浮宫最近的研究推翻了最初的假设，即短期停留的参观者是由于时间限制而对博物馆内广受欢迎的地区走马观花。[63] 虽然这些创新项目显示了数据分析的潜力，但不是每个博物馆或文化机构都有建立他们自己系统所需要的人员。重要的是，今后几年对于那些提供整套解决方案的供应商而言，这些机构必须具备相应条件。[64]

对政策、领导力或实践的影响

为了引导有关博物馆的数据政策的制定，政府机构正在采用数据分析来了解文化机构的构成和博物馆数字化项目的广度。在美国，博物馆和图书馆服务研究院（IMLS）是一个由联邦政府资助的通过研究、制定政策和拨款推动创新、终身学习和文化及公民参与的组织。[65] 最近，IMLS 开展了一项海量数据研究项目，名为“博物馆世界的数据文件”。该项目生成了一份含美国 35000 家博物馆和相关机构的清单，这在有史以来还是首次。[66] 这种大规模的分析将会使 IMLS 更好地服务于博物馆团体。在欧洲，欧盟委员会资助的项目“ENUMERATE”正在创建整个欧洲大陆文化机构在数字化和数字化保存举措方面的统计数据基准。由欧洲 10 个合作伙伴组成的联合会正在生成一套相一致的依据，以指导资助数字化的决策。[67]

上述 DMA“博物馆之友”计划在鼓励参观者进行深度参与及再次参观方面的成功使该博物馆成为这个领域的佼佼者。它在提高受众参与度方面的措施获得了“国家领导力奖补金”（National Leadership

Grant），此津贴用于支持该馆将它的平台扩展到三家合作伙伴：丹佛艺术博物馆、洛杉矶县艺术博物馆和明尼阿波利斯艺术学院。这些博物馆将进行为期一年的研究来建立有关该计划优缺点的数据集，以确定能在整个领域内推广的活动和工具。[68]为了支持文化机构对数据分析不断增长的需求，大学组织的培训方案也开始出现了。尽管大多数大数据项目都集中在经济或医保数据上，但纽约市立大学（CUNY）研究生中心却为了培训博物馆专业人员而开设了数字研究和数据可视化中心。纽约市立大学将在培训中使用合作伙伴，如现代艺术博物馆、纽约公共图书馆和布鲁克林历史学会提供的数据集。[69]

博物馆利用数据分析开展实验的规模和种类都在增加，从印第安纳波利斯艺术博物馆[70]和克利夫兰艺术博物馆[71]用来将数据集可视化并对绩效进行测评的总览表（dashboards），到诺曼·罗克韦尔博物馆[72]正在使用的能预测礼品店的客户在下次参观时可能会购买什么的销售终端软件，种类之多不一而足。事实上，预测分析可以依据天气条件在雕塑公园或动物园指导每天的人员安排决策方面产生重大影响。迪法恩斯动物园和水族馆结合使用来自美国国家海洋和大气管理局的实时气象数据、门票销售额、手机签到数据和以前的参观人数数据来了解和适应参观者数量的波动。[73]在地球的另一边，澳大利亚新旧艺术博物馆正在使用移动应用参观分析数据制成每日报告，内容涵盖参观人数、被观看作品的数量、吸引最多人参观的收藏品以及参观者在藏品前停留的时间。[74]随着这些实验的成熟完善，有人认为，下一阶段的数据分析应该将通过博物馆网络上链接的大数据进行的深入信息分享纳入分析范围内。可以证明从这种信息分享中获得的深入信息对预算有限的小型博物馆而言是极为有利的。[75]

扩展阅读

下面的资源推荐给那些希望更多了解“越来越重视用于博物馆经营的数据分析”这一论题的人们：

文化数据项目

go.nmc.org/cdp

（文化数据，2015年2月16日）文化数据项目是文化艺术领域新制定的数据采集方面的国家标准。它提供了一个方便用户使用的在线管理工具，该工具旨在通过减少准备募资申请材料的负担和简化报告生成来强大组织，从而使博物馆可以向捐助者和决策者提供有效实例来获得他们的支持。> 政策

移动传感、自带设备和大数据分析：博物馆的受众研究新技术

go.nmc.org/mobsen

（西亚娜·穆苏里、乔治·鲁索斯，

《参与》（*Participations*），2014 年 5 月）本文采用案例分析讨论了追踪室内参观者的方法，并针对使用这些技术而在方法、伦理和实践方面新出现的挑战给出了解决方法的建议。> 政策

纳尔逊－阿特金斯艺术博物馆准备使用大数据影响参观者的体验

go.nmc.org/shape

（劳拉·斯宾塞，*KCUR*，2015 年 2 月 5 日）对纳尔逊－阿特金斯艺术博物馆的馆长兼首席执行官朱利安·苏加萨戈伊蒂亚进行的这次访谈深入研究了对参观者和艺术互动方式的追踪如何能够帮助博物馆了解为每位参观者创造更好体验的方法。> 领导力

卢浮宫艺术带来的人流量

go.nmc.org/artraff

（卢浮宫艺术带来的人流量，2015 年 2 月 16 日）麻省理工学院可感知城市实验室与卢浮宫博物馆合作在博物馆安装了 7 个可充分覆盖该馆的蓝牙传感器，以测评参观者的参观顺序和在有代表性的各重要位置的停留时间，从而使他们能够利用数据更好地了解参观者的行为和体验。> 领导力

艺术和文化部门必须考虑数据……但要以不同的方式

go.nmc.org/diff

（阿沛·阿迪卡里，《卫报》，2014 年 3 月 28 日）数据收集技术为博物馆展示其发现、创作基于证据并能够突出其规模和影响的故事提供了机会。> 实践

扩大参观者的概念

近期影响：在未来一两年内推动博物馆采用技术

博物馆现场参观者和网上参观者这两者之间的界限在迅速变得模糊起来，两类参观者对在线获得服务及信息都抱有很高的期望。不能亲临博物馆参观的人们现在能够体验博物馆的收藏品，并能对物理空间进行的展览和活动所引发的谈话进行响应和有意义的参与，这就重新定义了博物馆的参观者。通过新兴的数字化工具，博物馆现在能够和参观者发展长期关系，不受博物馆围墙和展览周期的限制。[76] 确认全球受众的需求对于帮助保持博物馆的影响力也是很重要的。博物馆的网站流量已经迅速超过了实体博物馆馆内的参观人数。澳大利亚博物馆馆长协会的数据表明：在2013 ~ 2014 财年，5100 万人次的参观中有 70% 是网上参观。[77] 这一统计数字突显了博物馆对其参观者看法的重大转变。

概述

自从数字时代出现衰退继而重新兴起以来，博物馆受众不断改变的习惯使得博物馆对博物馆参观的概念发生了改变。美国国家艺术基金会最近的趋势报告表明亲自去博物馆体验艺术的人数在过去的 20 年里出现了稳步下降。他们对公众参与艺术进行的一项最新调查显示近 75% 的美国人使用电子设备来观看或收听艺术，但只有 33.4% 的美国人在同年参加了 7 个艺术活动中的一项。[78] 随着新技术的引进，该领域的领导者们对博物馆参观时的“场地”这个定义提出了质疑。社会化媒体平台，如 Twitter 和 Facebook 以及众多网站都在被视为是取代了去博物馆的实际体验。[79]

因为博物馆的网站和社交媒体上的内容为博物馆和参观者建立联系创造了新的空间，所以一些博物馆正在扩大他们所关注的地域，以向世界各地的受众提供文化体验。纽约大都会艺术博物馆创建了国际社交媒体账户，以和日益增多的全球受众建立联系，如中国的微博。他们报告说微博上有大约60个帖子已经被浏览了近300万次。[80] 事实上，欧洲的博物馆也在利用社交网络来取得受众人数和参与度的大幅提高。丹麦国家美术馆通过鼓励受众分享他们个人拍摄的博物馆照片这一社交媒体策略使得该馆在Instagram上的到访率在2014年7～8月增长了2500%。[81]

只在网上体验博物馆的人数也在增长，这也有助于更好地认识和提高对博物馆藏品和展览的兴趣。谷歌文化研究所现有超过60个国家的500家合作伙伴，他们在线提供的可参观物品和文物超过了600万件。该研究所1年的独特访客数量超过了1900万，网页浏览数为两亿。博物馆通过这种类型的在线访问树立自己的影响力和声誉。汉堡的考古博物馆在线推出谷歌艺术项目的藏品刚过7周就获得了超过80000人次的浏览，每个用户在该网站浏览的时长约为8分钟。[82] 博物馆也在越来越多关注仅在网络举办的线上展览。现代艺术博物馆《设计和暴力》展的展示空间不是在实体园区而是在网上。[83]

对政策、领导力或实践的影响

博物馆参观者流量下降带来的影响刺激了对手机的投资，对于实际参观人数在2002～2012年减少了5800万的艺术博物馆[84]而言尤其如此。这可能会影响未来的政策。泛欧洲学术机构、工业组织和文化机构组成的联盟最近联合起来开发了“通过社会人际交往和讲故事进行文化遗产体验”（CHESS）这一应用程序，使博物馆的参观者能够在欧洲大陆及全球的任何地方形成他们的博物馆体验。该工具利用手机、增强现实和地理定位技术来生成个人的互动体验。[85] 与此类似，彭博连接（Bloomberg Connects）在未来3年将提供1700万美元的慈善资金，用以支持博物馆的移动技术。开发移动应用程序这一举措的目标是能够在博物馆内外展示文化、提高参观量和扩大参与。[86] 这两项举措能旨在吸引技术娴熟的年轻一代，因为他们的参与被视为保持博物馆未来影响力的关键。

当地域成为博物馆和参观者建立关系的主要障碍时，博物馆领导者则正在为网上参观者了解其组织创造新的机会。虽然数字访问不能取代参观的丰富性，但在农村地区的个体却可以通过在线参观博物馆的藏品而受益，因为他们前往离他们最近的博物馆参观的机会往往非常有限。阿肯色州的水晶桥美国艺术博物馆通过覆盖全州的远程学习计划和重要的学生参观者建立关系。通过与虚拟阿肯色州（Virtual Arkansas）合作，水晶桥博物馆为阿肯色州的高中开发了学期课程，该州来自社会下层的学生人数和/或乡村学校的数量极多。[87] 北卡罗莱纳州艺术博物馆是另一个开发网上课程来吸引年轻参观者的博物馆。该馆与北卡罗莱纳州的虚拟公立学校合作，使得高中学生可以学习艺术广告、游戏设计的艺术或摄像艺术等课程。[88]

当博物馆关门进行改造或扩建时，观众就不可能选择前往博物馆实地参观。但是博物馆通过展现出具有网上吸引公众参与潜力的创新项目而做出反应。荷兰阿姆斯特丹国立博物馆最近进行了改造，所以该馆的重点放在了通过 Rijkstudio（国立博物馆画室）向公众提供超过 10 万件馆藏品的高清图片。这个开放设计理念邀请在线参观者通过对图片进行下载和巧妙处理来创作他们自己的作品，所有图片都无版权限制。[89] 旧金山现代艺术博物馆因为扩建而暂时关闭期间采用的吸引受众的解决方案也是值得注意的。除了将他们的馆藏品转移到旧金山湾区其他展览场地之外，该馆还通过一些项目生成了该馆网站的在线流量。

扩展阅读

下面的资源推荐给那些希望更多了解“扩大参观者的概念”这一主题的人们：

使用社交媒体吸引新的艺术受众

go.nmc.org/toattract

（伊莉斯·科洛夫，UP London，2014 年 10 月 2 日）这篇网上文章讨论了强大社交媒体策略的重要性，因为社交媒体平台也是参观者彼此之间、参观者和全球各地的人们分享自己体验的论坛。口碑广告的效果通过社交媒体得到了放大，对一次参观在 Facebook 上说一个“喜欢”、在 Twitter 上发表一下评论或是在 Instagram 上发一张照片都是对博物馆的真正认可，而这对于对潜在参观者而言具有非常重要的意义。> 政策

哈佛艺术博物馆推出重新设计和扩展的网站

go.nmc.org/harart

（哈佛艺术博物馆，2014 年 11 月 12 日）Harvardartmuseums. org 旨在成为人们进行实地参观或网上参观之前、之中和之后的一个资源。高分辨率的图像、藏品信息、多种教育和解说工具以及互动导航指南构成了这一新网站的特色；所有这些都具备响应式设计，并对移动设备浏览进行了优化。> 领导力

博物馆分享他们惠及多语种受众的最佳实践

go.nmc.org/lingual

（丽贝卡·米尔，古根海姆博物馆，2014 年 4 月 25 日）因为博物馆能够在网上接触到世界各地的受众，所以他们必须想方设法和说不同语言的参观者建立联系。本文描述的是 #EduTues（周二教育）闲聊的节选，该聊天由皇后区博物馆和古根海姆博物馆推动，他们聚集了很多机构和个

人来讨论各自的机构是如何应对语言挑战的。> 领导力

博物馆应该为慢节奏的数字体验留出时间

go.nmc.org/slower

（丹尼·伯彻尔,《卫报》，2015 年 1 月 23 日）受到最近发展的深度报道的启发，韦尔科姆收藏馆推出了名为“Mindcraft”的数字展览。这是对疯狂、谋杀和心理治疗的沉浸式和交互式数字记录。该博物馆想尝试以独特的方式吸引参观者，它发现数字化是创建一个空间供人们花费更多时间欣赏藏品的最好方法。> 领导力

博物馆的未来真的在网上吗？

go.nmc.org/onlinefuture

（鲍勃·达根,《大思考》，2015 年 2 月 9 日）作者根据来自最近两份报告的发现整理出了阻碍公众参观博物馆的一些原因，然后解释了博物馆如何利用其数字技术来使那些无法实际进入博物馆建筑内进行参观的人们在线浏览数字博物馆。> 实践

越来越重视参与式体验

近期影响：在未来一两年内推动博物馆采用技术

对公民和社会参与的展望正在深刻地改变博物馆的业务范围、覆盖面以及博物馆和受众的关系。越来越多的博物馆正在整合各种新技术和方法，如社交媒体、开放内容和众包，以此方式从内部和外部吸引博物馆所在的社区持续不断地参与博物馆的活动。博物馆专业人员欣然采用包括移动和网络技术在内的创新，以使他们的机构能够为参观者提供更多深度参与的机会，使参观者能够将自己的知识融入到展品中去。此外，有必要认识到：小众参观者团体和个人可以向博物馆提供能够丰富馆藏品和提高展览解说价值的见解。参与式体验在馆内及线上的价值在不断增大，博物馆正在越来越多地寻找将社区贡献纳入博物馆的方法。

概述

博物馆作为参与式机构的想法随着技术发展的潮流而不断获得完善，因为进行交流和分享的工具已经在大众中间变得越来越普及了。所以，许多艺术家和博物馆馆长正在进行范式转变，新的范式要求参观者能以积极的态度对博物馆设施和展览有所贡献，来大做文章。参与式博物馆既是一种理念也是一种战略，该战略不需要技术予以实施，而只是利用新的交流模式来使文化机构成为一个更具影响力和建设性的社会组织。2010 年出版的由尼娜・西蒙撰写的《参与式博物馆》对于正式明确这一趋势而言是重要一步。从那之后，越来越多的博物馆加入到这一趋势中来。[90] 在线免费共享的图书《参与式博物馆》提出了对文化机构的设想，认为以后的文化机构具有吸引社区参与的明确目的，并有鼓励参观者进行艺术创造和围绕艺术彼此相互联系的技术方法。[91]

对参与式体验的日益重视催生了为文化场馆创作和设计内容的创新方法。例如，众包是一种呼吁社区做出贡献以影响特定项目方向或意义的技术。许多博物馆通过社交媒体简单使用众包来组织社区。他们期望通过口碑传播来提高自己的声誉和增加展览的参观人数。另一方面，越来越多的人意识到通过建立一个互惠的对话，社区参与可以从更深层次使博物馆获得提升。希望通过社会媒体和公众网上论坛使受众和博物馆馆藏建立个人联系的博物馆已经调整了自己的公关策略。博物馆专家认为，从机构的立场出发，根本的信任是做到开放、透明和进行个人交流的要素，这会直接使网上社区同样做到开放并参与进行有意义的交流。[92]

毫无疑问，无处不在的配置有高质量相机和社交应用程序的智能手机已经影响了博物馆对于在馆内使用这些设备的参观者的接待方式。社交媒体的管理已经受到了高度重视，因为它具有无所不包的能力，包括能深入了解参观者在想什么、他们融入博物馆特有的内容的方式以及他们为什么更喜欢某种文化体验。在博物馆领域工作的公共关系专家现在关注的是社交媒体如何在参观者去博物馆之前、期间和之后和参观者建立沟通渠道，这可以成为服务客户的一个有用工具。[93]一些博物馆充分利用移动技术和社交媒体，并通过参观者的参与来制作他们的展品。曼哈顿新艺术博物馆在 2014 年 9 月组织了名为“AUNTSforcamera：BYOC”（自备相机－受众控制画面）！的活动，鼓励参观者对现场表演进行 8 秒的拍摄，并通过一位艺术家设计的社交媒体应用程序将拍摄的视频进行标记和共享。[94]

对政策、领导力或实践的影响

参与体验这一趋势的势头促使许多博物馆领导人考虑制定相关政策，在博物馆内通过智能手机和社交媒体来帮助形成数字互动。由博物馆顾问和博客作者马尔·迪克森首创的“博物馆自拍日”活动于 2014 年 1 月 22 日举办，展示了社交媒体向全世界开放访问博物馆收藏品的能力。在 24 小时内有 11143 人发表了有关自己参加该自拍活动的微博，共享的照片有 5591 张。在反思“博物馆自拍日”活动时，博物馆馆长洛娜·克鲁克山恩克斯思考了该活动对加强参观者与展品联系的巨大影响，因为很多照片显示了参观者与雕塑和肖像的互动及对他们的再创造。[95]迪克森在回顾该活动时谈论了“博物馆自拍日”活动令人意想不到的效果，该活动引发了许多有关博物馆内摄影的政治谈话以及文化遗产机构内对自拍的强烈抵触。[96]

因为参与式策略涉及创新方法，所以许多项目仍然处于“试水”阶段，这就是为什么评估项目的成败对博物馆领导人而言特别重要。在 2014 年博物馆和万维网会议上，欧洲研究人员发布了他们为文化机构进行的众包项目的研究成果，他们使用了两个案例研究：在“Vele Handen”（许多手）这个众包平台上进行的阿姆斯特丹城市档案馆的“Red een Portret”（保存肖像）项目和玛丽亚奥地利研究所的照片标签项目，力求得出关于有效和无效实施模型的全面结论。[97] 其他参与实践的有效模型，如集资，也引起了人们的注意。在都灵的玛德玛宫，博物馆领导人使用社交媒体实施了一项集资活动，以筹集80000欧元购买一件标志性瓷器。在此过程中，这个小博物馆能够联系到1500多人，筹集到的资金比预期目标还多出20000欧元，并成功地收购了瓷器。博物馆领导人贾斯帕·维瑟将这个项目作为“2014年博物馆纪元”的一个例子进行了强调，从价值、社区、参与和共创这4个方面对它做了说明。[98]

实践中的参与式体验可以在博物馆设计的让参观者通过动手做来了解艺术作品的展览中见到。例如，在达拉斯艺术博物馆的创意连接中心，协调员在画廊中间安装了一个大型工作台，专门供每月轮流进行的三项动手实践活动使用。这是为了吸引成年人，因为该博物馆的教育者们知道不是只有孩子才喜欢制作和与他人分享自己的创作和想法。[99] 一些博物馆正在让自己最忠实的参观者们参与正在进行的长期项目。印第安纳波利斯的儿童博物馆招募了3个家庭加入“游戏5”（Playscape 5）这个社区博客，请他们连续6个月记录他们在博物馆的体验。这些家庭有他们独特的标签，使他们能够使用Instagram（图片分享软件）、Vine videos（视频软件）和其他社交媒体在社区博客上记录他们的体验。博物馆领导人洛伯德·菲利普斯在报告中说社区博客活动有助于博物馆创建真实、忠诚和透明的环境，让参观者重新树立起一种主人翁意识。[100]

扩展阅读

下面的资源推荐给那些希望更多了解“越来越重视参与体验”这一论题的人们：

博物馆在数字方面的改变

go.nmc.org/morph

（史蒂夫·洛尔，《纽约时报》2014年10月23日）大都会艺术博物馆等许多博物馆已经有了180°的大转变，从让参观者收起自己的手机转变为鼓励他们在浏览藏品时使用手机。博物馆政策的这种变化创造了一个开放的环境，这种环境欢迎参观者使用手机探索、保存内容并和他们的朋友及圈子进行分享，从而鼓励他们形成自己个性化的体验。> 政策

瞬间展览

go.nmc.org/split

（布鲁克林博物馆，2015年2月9日）《瞬间展览》是布鲁克林博物馆邀请该馆的网上社区参与实验的一个展览，实验研究的是每个观众对一件艺术作品的最初反

应是如何受到他们对该艺术品的已有知识、他们被问及的有关问题以及他们被告知内容所影响的。网上互动围绕博物馆内实际摆放的印第安绘画而展开，这些绘画都是该馆的永久收藏。> 领导力

未来的博物馆会是什么样？

世界各地的博物馆领导者和创新者所写的短文集

go.nmc.org/infut

（Museum-iD，2015 年 2 月 5 日 ）Museum-iD 邀请博物馆领导人分享他们对博物馆未来的愿景。许多愿景都强调的一点就是博物馆将来会更具参与性，将充当社会中介或市民连接器，从而以更民主的方式利用联合开发这一模式。> 领导力

公民在波士顿科学博物馆参与科学项目

go.nmc.org/partic

（戴维·希坦菲,《科学发起者的博客》，2014 年 12 月 11 日）波士顿科学博物馆通过 3 个面向市民的科学项目："萤火虫观察""规划更健康的城市"及其论坛项目邀请公众进行合作。该论坛项目包括 50 多个市民论坛，参与者在论坛上思考社会科学问题并就这些问题进行决策。> 实践

阻碍博物馆采用技术的重大挑战

以下数页描述的6个挑战是该项目专家小组经过一系列基于特尔斐法的循环讨论、细化和投票而选出来的；专家小组一致认为，如果不能解决这些挑战，则每个挑战都极有可能阻碍一项或多项新技术的采用。专家小组使用的在线工作网站对专家讨论及相关材料进行了完整记录并在museum.wiki.nmc.org/Challenges 上进行了存档。

因为不是所有的挑战都涉及同样的范围，所以这里的讨论按照挑战的性质被分为了3类。新媒体联盟地平线项目将可以解决的挑战定义为我们既理解也知道如何解决的那些挑战；将难以应对的挑战定义为我们或多或少有所了解但仍然难以找到解决方案的那些挑战；将棘手的挑战，即最难以应对的挑战定义为非常复杂甚至难以进行定义的挑战，所以这类挑战需要有额外的数据和洞察来进行定义才有可能找到解决方案。这些挑战列表一经确定后就会从3个元表达——他们对政策的影响、领导力和博物馆可采用的实践这些方面——对挑战进行研究。

政策　虽然所有已确定的挑战都会影响政策，但有两个很明确的挑战目前正在推动许多博物馆进行政策决策。最容易解决的一个挑战就是制定能够更好提高博物馆人员数字素养的政策。政府和博物馆组织已经在此方面取得了长足的进展。例如，博物馆和图书馆服务研究院（IMLS）召集了一个项目团队和工作组来制定21世纪博物馆工作人员技能的通用标准，通过技术进行协作和理解如何评估数字工具的有效性只是他们正在定义的技能组合中的两项技能。[101]

一个更具挑战性的政策领域则涉及数据隐私这一非常复杂的问题。国际组织目前正在制定政策，以确保隐私保护。由巴西和德国牵头，联合国正在制定一个名为

“数字时代的隐私权”的决议草案。[102]

领导力 同样地，虽然在下面数页中讨论的所有已确定的挑战都对领导力有影响，但有两项挑战对有效实施愿景构成了障碍。在整合新技术之前，博物馆主要需要制定出技术标准，一些博物馆在此方面已经取得了进展。例如，明尼阿波利斯艺术学院名为“动态新方法”的战略简要规定了采用的每项技术必须符合博物馆的目的和目标，如提升受众参与度和加快全球化等。[103]

在技术、工作流和基础设施保持先进性被专家小组认为是最困难的、需要有效领导力应对的挑战。一些组织正在努力制定可能的解决方案，例如，数字图书馆联盟（DLF）针对使用数字馆藏和服务的博物馆专业人员提供了“异花授粉者奖学金”，以加深对文化遗产机构如何在网络化环境下运作这一问题的理解。[104]

因为不是所有的挑战都涉及同样的范围，所以这里的讨论按照挑战的性质被分为了三类。

实践 专家小组确定的6个挑战中的每一个挑战都给推进博物馆教育和解说带来了许多障碍，但是其中两个挑战带来的障碍是独特的。专家小组认为平衡联网生活和线下生活将是一个难以解决的挑战。例如，弗莱艺术博物馆的正念冥想课正在帮助参观者找到进行艺术欣赏的模拟方法（analog methods），如在探索馆藏物品的同时使用当下时刻的意识等。[105]

制定数字化战略对博物馆而言也是一个挑战，尤其是在技术突飞猛进的情况下。泰特博物馆制定了一个综合计划，名为“数字性是一切事物的特性”。该计划涵盖了泰特博物馆的数字活动和人员技能，它注重相互关联的许多活动，如在线平台的使用与艺术社群的开发和培养等。

以下数页围绕今年专家小组强调的每一个挑战进行了讨论，内容包括挑战概述、挑战的影响和对该论题进行扩展阅读的一系列推荐。

制定数字化战略

可以战胜的挑战：我们理解并知道如何解决的那些挑战

技术使用在社会上的普及影响了博物馆制定战略计划和数字化战略的方式。这些战略应该包括硬件、软件、网络以及数字化等关键任务。更重要的是，这些计划应该帮助博物馆扩大数字化的含义，将敏捷性、灵活性和易用性等数字化价值包括在内，以跟上和技术越来越不可分的迅速发展的社会变化。[106] 数字化战略不仅仅是网站的发展方向；它应包括为受众参与提供独特机会的各类技术的多个渠道。[107] 今天，博物馆的数字化不仅包括网站，还包括社交媒体的使用、移动工具和应用程序以及电子筹款等。另外，很明显，博物馆不能像策划小册子或目录那样来简单策划网站的创建；他们需要制定新的工作流程和人员配备。

概述

当代社会正在提供越来越多让人们参与社会的机会，社会变得日益网络化和资源公开化，作为当代社会的一面镜子，博物馆正处在数字化转型这一几乎影响到博物馆所有行业的进程中。[108] 这个挑战的中心问题是博物馆需要对其受众不断改变的行为有更多了解和调适，从而与时俱进的这一观念。因此，要求博物馆转变态度，以同样的方式平衡数字基础设施和数字化思维模式。[109] 该领域的领导人认为数字化战略不是关乎平台，而是关乎人；把平台放在首位不利于组织的发展。[110] 此外，博物馆必须制订计划，计划需含有两种不同但相互联系的观点，即强调灵活性和数字化价值的长期观点和激励人们立即行动的短期观点。[111]

博物馆正在将其馆藏品数字化，以便在提升受众参与度的同时增加馆藏品的参观量。CSIRO 最近一份分析澳大利亚画廊、图书馆、档案馆和博物馆的报告警告说，澳洲大陆的数字化创新缺乏一致性，是相互孤立的，且只有少数组织以技术服务为核心而非将之作为一种附加活动。[112]该报告建议博物馆应专门开展数字化项目，以增进和受众的关系、获得年轻受众及培养受众对博物馆馆藏的浓厚兴趣。[113]英国自然历史博物馆正在着手解决这一普遍存在的发展障碍，他们实施了一个计划，将8000万件具有代表性的馆藏品进行了数字化，并提供了一个受众可以访问这些数字藏品的在线数据门户网站。[114]

研究团体和领先的博物馆正在集中精力探索使用技术加深博物馆和参观者联系的方法。贾斯帕·维瑟和吉姆·理查森制定的“数字化参与框架”正在帮助博物馆思考如何使用数字化手段识别创造价值的机会。该框架要求博物馆制定战略和流程以及开发技术来使共同创造的价值最大化，即价值创造要使博物馆和参观者双方均能受益。[115]纽约大都会艺术博物馆的全面参与战略主要集中在互动的三个维度上，即参观博物馆前，这主要涉及是在网上展示尽可能多的馆藏品；参观博物馆过程当中，这需要制定解决方案来丰富参观者的体验；参观博物馆后，这需要使用由参观者生成的数据来满足受众的期望并鼓励他们的再次参观。[116]制定独立的数字化战略对某些博物馆而言可能有助于提高清晰度和突出重点，但对于某些博物馆而言，修订现有的战略计划可能更合适，这一切都取决于博物馆的文化。更重要的是，无论选择何种解决方案，博物馆都需要确保数字化战略和所选择的解决方案能够实现无缝整合。[117]

对政策、领导力或实践的影响

随着政府间协力制定艺术和文化政策，一些政府在专注于影响博物馆制订计划的技术措施。在澳大利亚，所有的联邦艺术管理机构和各州的艺术管理机构已经制定出了一份《艺术协议》，协议各方是联邦政府、州政府和领地政府，制定协议的目的是加强对艺术和文化的支持并为持续合作设定原则。[118]悉尼的动力博物馆是一个工作组的成员，该工作组的重点领域之一是数字化，他们正在评估现有数据是否为共享而做好了准备，并在确认整个行业的数字参与创新，以便提供一套大家商定的根据《艺术协议》规定将予以实施的一系列活动。[119]同样，作为《2020年倡议：欧洲数字议程》一部分的欧盟数字图书馆（Europeana）也在寻求对博物馆的文化遗产进行进一步的数字化和网络化。[120]在美国，私人基金会发起了诸如为技术开发提供资金，为公众提供更多访问文化机构的机会并提升参观者体验的彭博连接计划（the Bloomberg Connects program），这可能会导致更大的政策行动。[121]

坚强的决心和富有远见的领导层是一个组织了解如何有效投资于技术创新所必

需的。纽约大都会艺术博物馆最近实施了一项计划，这个计划对该馆所产生的若干影响对正在寻求指导的博物馆会有所帮助。该计划要求大都会博物馆从以下几个方面去重新思考其组织结构：设立一个数字部门；招募一名新的首席数字官去重新思考有哪些关键技术是实施战略所必需的；将资源分配给社交媒体经理、网站管理人员、内容团队和音频指导团队；创建专用于创新的设施。[122] 机构领导人还可以关注最新研究，如最近出版的书籍《数字化遗产和文化：战略和实施》(*Digital Heritage and Culture: Strategy and Implementation*)[123] 和《开始阶段的结束：数字化后的博物馆的规范性》(*The End of the Beginning: Normativity in the Postdigital Museum*)[124]。前书有助于开展实践，后书鼓励改变看待数字化思考如何应用于博物馆这一问题的态度。

在实施层面上，英国泰特博物馆已经制定了一个将数字活动和技能纳入整个博物馆的全面计划。他们的方法被称作“数字性是一切事物的特性”，该方法用来解决使用在线平台和渠道提供丰富内容给参观者、创造和培育一个艺术社区以及将创收机会最大化这 3 个问题。[125] 无论组织结构如何，数字化思考都不应该仅限于一个部门的工作范围；通过投资博物馆的数字能力和博物馆核心人员的技能培养，博物馆应该摆脱一次性项目的思维，采用协作的方法。[126] 例如，皇家安大略博物馆有一支从事网站内容制作的团队，该团队通过举办每月一次的研讨和一对一的辅导帮助对员工进行培训。[127]

扩展阅读

下面的资源推荐给那些希望更多了解“制定数字化战略”这一主题的人们：

面向博物馆的数字化战略介绍

go.nmc.org/introstrat

(杰克·卢登，2014 年亚洲博物馆和网络会议，2014 年 10 月 1 日) 本文描述了在当代这个快节奏的社会，博物馆战略怎样必须做到立足于在文化保护和受众参与之间取得平衡这一目标。文中提到的将会提高博物馆数字化能力的 3 个重要目标包括管理好数据、进行简明的响应设计和参与在线交谈。> 政策

保护欧洲文化遗产的综合方法

go.nmc.org/integrated

(欧洲委员会，2014 年 7 月 22 日) 这篇文章根据《欧盟文化议程》的目标介绍了欧盟在不同政策领域保护文化遗产的方法，然后描述了可用的加强不同级别的政策合作措施，提到了为支持文化遗产治理新模式而正在开发的项目。本文强调了数字化和电子学习工具在提高网络可用性和访问量方面的重要性。> 政策

电子文化手册：博物馆制定技术战略的指南

go.nmc.org/vadem

（《电子文化瞭望》，2015 年 2 月 18 日）“电子文化的价值”这个项目有来自博物馆、技术和研究领域的五个合作伙伴，网络遍布欧洲。该项目向技术开发人员和文化遗产机构抛出了确认技术采用的机遇和挑战这一难题。该手册旨在作为一个工具，用来指导博物馆、文化遗产机构和收藏家们制定和实施技术战略。> 领导力

电子文献记录管理的启动项目

go.nmc.org/elecrecord

（古根海姆，2015 年 2 月 18 日）古根海姆博物馆档案室从国家历史出版物与文献记录审查委员会（NHPRC）收到了启动电子文献记录管理项目的资金。双方制定了一个综合计划来建立和管理电子文献记录库。他们的报告详细记录了这个为期 18 个月的项目，并且此报告是公开的。> 领导力

波特兰艺术博物馆宣布了未来的战略远景和定位

go.nmc.org/positioning

（克里斯汀・莱韦斯克，波特兰艺术博物馆，2014 年 10 月 1 日）波特兰艺术博物馆已经宣布了其未来的战略远景，未来将允许公众和学者数字访问该博物馆的所有馆藏。> 实践

真正的转型并不容易

go.nmc.org/realtra

（埃德・罗德利,《对博物馆的思考》，2014 年 5 月 18 日）这篇网上发表的文章将福雷斯特研究公司《2014 年数字业务》报告中的重要内容和透露在《纽约时报》上的内部战略报告整合起来，列出了一张问题清单可供博物馆实施数字化转型时使用。> 实践

提高博物馆专业人员的数字化素养

可以战胜的挑战：我们理解并知道如何解决的那些挑战

随着互联网、移动设备及其他技术的急剧发展和普及，对博物馆专业人员能力的看法已经由传统观念，亦即他仅需具备开发展品和教育参观者的能力，扩展至他们同时还必须具备理解各种各样数字化工具的能力。掌握新技术能力正在影响着博物馆的发展速度和他们对新招人员的技能期望。一些有思考的领导认为应有一本以用来指导博物馆现有员工和上岗前员工技术培训的官方最佳实践指南[128]，而且最佳案例应来自博物馆教育部门之外。围绕如何利用新兴技术推进博物馆实现解说目标和提高参观者体验的专业发展对于各个层面的博物馆教育都是必要的。这个问题不是孤立地存在于博物馆的教育部门，而且是改进博物馆技术基础设施和工作流程所必须解决的问题。博物馆所有人员都需要具备数字化的素养，对于博物馆领导人而言，尤其如此。[129]

概述

虽然数字化素养一直被认为是教育方面普遍存在的问题，[130] 但 2015 年新媒体联盟地平线项目博物馆专辑的专家小组公认这是可以解决的问题，因为许多博物馆和相关组织已经在这方面有所行动了。区域博物馆和人员培训国际委员会发现精通技术已成为一项优先技能。在他们名为《区域博物馆的员工和培训》这一报告中，他们指出：博物馆都已意识到为了获得新市场和提供新服务，他们必须雇佣有信息通信技术专业背景的员工。[131] 事实上，技术人员在博物馆里担当经理或馆长职务现在已经很普遍了。佐治亚州高等艺术博物馆在博物馆高级技术经理的公开招聘列表上明确要求的能力是“在信息技术指导委员会有效支持博物馆的需求”并向其他员工进行培训。[132]

随着对数字素养的需求不断获得博物馆的认可，大学里的博物馆研究项目现在将网络著作权法、数字成像和扫描技术纳入了他们的课程。[133] 不过，没有接受足够技术培训（没有时间或资金报名参加正式培训）的在职员工将面临长期挑战。越来越多的组织，例如，博物馆计算机网络（MCN）等正在努力填补博物馆专业人员在专业发展上的这一空白。MCN Pro 旨在围绕紧迫主题（包括特定技术的整合）提供在线培训。[134] 这些网上的讲习班汇集了 MCN 社区的专家，对参与者进行新技能培训，包括存储和组织网络资产的更优技术。[135] 此外，他们的特殊兴趣小组将参与者召集在各技术领域，如媒体制作和信息技术等，鼓励同行之间进行长期的互相学习和开放式对话。[136]

虽然创造性的培训解决方案正在实施中，但参观者的加入进一步加剧了数字素养这一挑战。博物馆和文化遗产机构的员工需要精通新兴技术，因为最新一代的参观者通常技术娴熟。例如，皮尤研究中心进行的一项研究发现，年轻的成年人越来越多地使用移动设备来管理和记录他们的日常生活，其中 94% 的人使用智能手机来拍照，68% 的人使用智能手机制作视频。[137] 技术是他们学习以及体验和创造艺术的方式的内在组成部分。几年前，在芝加哥科学与工业博物馆的创新实验室（Fab Lab）创建高科技项目的高中生为来访的俄罗斯联邦国家青年机构（RFYA）进行使用 3D 打印软件和设备的培训，以便他们能够在俄罗斯推出类似的创客空间。[138]

对政策、领导力或实践的影响

在政府层面还没有专门用来管理博物馆工作人员技术培训的具体政策。但是政府机构，如博物馆和图书馆服务研究院（IMLS）正在认识到需要资助博物馆形成更好的数字化素养技能和建成更好的技术基础设施。“火花！给博物馆助燃计划资助金”鼓励博物馆创建标准并创新自己的运营方式和提供服务的方式。[139] IMLS 项目团队和工作组还对 21 世纪的技能进行了定义，以统一博物馆和图书馆使用的员工技能通用标准。这些定义包括利用最新的媒体和技术去与他人协作的能力，以及学习了解如何去评估这些工具的有效性的能力。[140] 美国博物馆联盟（AAM）的博物馆专业培训委员会也制定了突出培训课程必要性的标准和最佳实践，该委员会认为培训课程要“反映和响应博物馆及其所在社区的当前需求和迫切需求，包括新技术的挑战。”[141]

加快提高博物馆工作人员的数字化素养需要有效的领导，在这方面的指导和激励往往来自外部组织。AAM 的媒体与技术网络由在博物馆领域使用技术进行媒体制作和数据库开发等活动的博物馆专业人员组成。他们倡导在博物馆有效应用新兴技术并频繁举办活动，召集社区代表讨论如何在博物馆各项职能上创新数字应用。[142] 此外，媒体与技术网络还对每年表彰博物馆优秀媒体项目和互动项目的“缪斯大奖

赛”进行赞助。例如，“林肯总统的小屋”因为创造性使用平板电脑“从历史、美学和文化方面解读艺术”而获得缪斯金奖。[143] 博物馆员工从中学会了发展足够的技术基础设施来实施这个计划。许多博物馆专业人员个人也在建立他们自己的专业发展网络。“代码|词语：博物馆的技术和理论”是一个网络社群，在博物馆担任领导职务的人士在该社群公开分享他们在数字应用方面的观点和经验。[144]

在实践中，数字化素养的获得与提高经常是在非正式环境下进行的。例如，“在畅饮中思考博物馆”汇集了美国各城市的博物馆专业人员。[145] 他们通常以小组的规模在酒吧或餐厅聚集，分享最佳实践经验，通常都是围绕新兴技术的使用进行讨论。在面对面聚会的间隔期，博物馆的工作人员也在转向 Twitter 获知源源不断的新视角和有益的建议。包括# musetech（博物馆技术）、# musesweb（博物馆网站）和 # artstech（艺术科技）在内的这些标签会让他们实时获悉相关的博物馆数字发现。“博物馆极客”（Museum Geek）这个网站上都是富有创新精神的博物馆专业人员发表的技术类故事和想法。[146] 不过，博物馆工作人员仍然需要和同事一起开展内部合作，以确保对他们能掌握最新的数字工具。例如，帝国战争博物馆的电脑俱乐部定期为员工提供以相互学习和亲自实践为特点的培训机会。[147]

扩展阅读

下面的资源推荐给那些希望更多了解“提高博物馆专业人员的数字素养”这一主题的人们：

博物馆内的数字叙事：吸引成人和评估影响的工具

go.nmc.org/diam

（Melting Pro. 文化实验室，2014 年 3 月）在戴尔蒙开展的“对话博物馆寻求新的文化民主”项目中，欧洲科学博物馆和研究中心设计并创建了一个面向博物馆专业人员的培训计划，教他们如何使用数字故事叙述来吸引弱势群体受众的参与和促进社会包容。**> 政策**

博物馆的电脑技术群

go.nmc.org/mcg

（博物馆的电脑技术群，2015年3月5日）博物馆的电脑技术群（Museums Computer Group）每年都举办会议，2015 年的会议主题是“网络外的博物馆”，邀请博物馆和文化遗产机构的专业人士商议和讨论现在所需的技能，以应对可穿戴技术、身临其境的技术、移动技术和触觉技术将带来的挑战。**> 领导力**

M-LEAD（博物馆图书室的教育和数字化）

go.nmc.org/mlea

（普拉特研究所，2015 年 3 月 5 日）

与布鲁克林博物馆合作的Pratt-SILS获得了博物馆和图书馆服务研究院（IMLS）提供的为期3年、总计946325美元的拨款，为将来在数字时代的博物馆图书室和档案室这个方向谋求职业发展的30名学生的实习提供赞助。> 领导力

未来博物馆专业人员必备的一些素养

go.nmc.org/innogen

（戴夫·巴尔，《创新/创始》，2014年8月24日）加拿大多伦多百年理工学院的一位文化和遗址管理（CHSM，硕士研究生证书课程）教授描述了致力于构成其所教授课程基础的数字素养的重要性，因为文化和遗产组织必须沟通，需要娴熟运用当代最有效的应用程序进行沟通。> 领导力

一些非营利组织拒绝数字化的真正原因（为什么这种情况变得越来越糟）

go.nmc.org/realrea

（科琳·戴伦施耐德，《知道自己的喜好》，2014年7月2日）这篇文章认为我们正在培育一种误解数字化在未来组织中重要性的文化，因为数字技能不能只限定为特定员工的技能。数字化是指当今世界的存在方式和人们在这个世界的生活方式。所以，为了让博物馆为参观者提供高效率的服务，数字化是一个必要条件。> 实践

平衡联网的和未联网的生活

难以应对的挑战：理解但难以找到解决方案的挑战

随着新媒体内容、技术及新兴的参与方式的大量涌现以及博物馆长期以来具有的反思氛围，博物馆现在有能力率先在联网的和未联网的世界之间创建一个中间地带。随着技术现在成为许多日常活动的中心，博物馆已经调整了策略，为那些使用移动设备上网的参观者提供服务。然而，越来越多的公众表示博物馆应该保持适合人们在其中深思和反思文化作品的氛围。正在进行的研究继续强调技术对人类认知功能的影响——分散人们的注意力；最近的一项心理学研究证明了在实验人群中存在着“拍照减值效应”，因为人们已经拍到了图像，所以他们对细节就不会记住太多。[148] 所以，博物馆的领导们都在努力思考如何整合技术提升参观者的体验，同时给参观者留出时间和空间进行模拟活动和反思。随着博物馆的活动继续和技术发展趋势保持一致，博物馆教育工作者面临的挑战是设计诠释性体验，鼓励参观者在充分利用数字工具的同时能与馆藏品进行深刻地互动。

概述

博物馆和文化遗产机构正在适应数字化和解说战略上的巨变。目前，技术是他们做预算时考虑的重点，博物馆的领导人正在考虑扩建技术基础设施和数字化工具的长期计划，以便为身在各地的参观者提供服务，特别是通过智能手机访问博物馆的参观者。然而，在这一制度转型中，更多的博物馆领导人呼吁关注在解说中综合运用技术提供零距离服务的重要性。因为今天的参观者是依靠他们的个人设备获得信息和进行生产创造的。不过，益普索（IPSOS）公司2014年报告表明世界各地的人们在如何看待自己长期联网的这种生活方式上已经达到了一个转折点；过去的5~7年，IPSOS的研究人员已向公众表明，越来越多的人开始担心网络生活带来的消极后果。[149] 虽然博物馆教育工作者最近已经适应了平衡联网生活和未联网生活的不易，但是对这一挑战的细节又重新有了系统的阐述，并且新的表述，而应对该挑战的解决方案仍然是模糊不清的。

这一挑战最难应对的是，博物馆不得不接受总是开机的智能手机和相机的这种现代生活方式；但同时还要面对与此生活方式相抵触的另外一种态度，即博物馆应该为无需数字插件的活动——深思和反思留出空间和时间。这与向数字化战略迈进的趋势相冲突了；博物馆正在对技术和基础设施进行投资，以令展馆更吸引人，同时也在为每件馆藏品提供与之关联的互动内容。这些投资可能会提高参观者的参与度和减少参观者的流失率，但如果不能在联网和未联网生活之间取得足够的平衡，则博物馆的经营重点，如员工发展和培训等都有可能被忽视。博物馆教育工作者也指出，现在任何技术都在削减以人为本的传统，这一直是博物馆教育的基础要素。[150] 随着围绕此话题的讨论变得越来越精细，人们对这一重要主题的看法渐渐不再是厚此薄彼了，而是越来越注重了解今天的受众和他们因为技术而改变的行为了。

自从美国国家美术馆向其参观者提供无线上网服务，以期通过社交媒体和网站吸引参观者参与到展览中来以后，平衡联网和未联网生活这一问题就开始得到了重视。《独立报》对业内领导者关于这个新发展的辩论做了报道。一方面，艺术史学家认为，博物馆负有让大众参观和接受他们的责任；另一方面，有人担心能够对艺术品拍照会减少专心观看馆藏品的体验。不过，绝大部分领导人认为，美国国家美术馆接纳智能设备使该馆有可能通过公开共享图片来扩大参观人数，因为这种共享激发了人们对文化的兴趣，并鼓励人们前往参观去亲眼目睹那些作品；也就是说，技术不是削弱了而是改变了人们参与文化作品的方式，博物馆的任务就是相应地优化自己的教育战略。[151]

对政策、领导力或实践的影响

许多博物馆是通过强化禁止拍照政策来应对挑战，该制度禁止在馆内拍照，尽管禁拍这种做法越来越不常见了，特别是世界知名机构，如卢浮宫和纽约大都会艺术博物馆都已允许智能手机在馆内拍照了。[152] 不过，博物馆界正在协力开展决策初级阶段的工作，这需要对数字工具的使用进行广泛研究来证明他们在博物馆的使用对于博物馆的经营和解说是合理的。2014 年在《受众与接受研究》杂志上进行的一项研究对移动传感、自带设备（BYOD）及大数据分析在各博物馆的应用方式做了调查，以形成一个了解参观者行为和需求的综合方法。[153] 同样地，知名博物馆战略家们提议对博物馆的技术使用要采用谨慎的方法；他们重点考虑的问题是整合技术、打造真正的社交空间、支持社交行为和体验个性化的这种需要。[154]

检查数字化工具的影响对于在联网的和未联网的体验之间建立平衡至关重要。这是 Culture24 组织开展长期合作研究的目标，该组织积极帮助博物馆评估他们的数字战略。Culture24 在 2010 年推出合作研究项目，初始阶段专注于设计用来确定网络计划成功的测评标准，重点是社交媒体分析。[155] 参与项目第二阶段的文化组织有 22 家，包括泰特美术馆、大英博物馆和苏格兰国家博物馆，该阶段的目标是揭示数字参与的含义及表现形式。[156] 该项目第三阶段的目标是帮助合作者了解如何针对演示和推广设计内容。[157] Culture 24 动作研究项目目前处在第 4 阶段，该阶段侧重研究受众及其需求和行为，为的是转变内容传送的广播模式和帮助参观者更全面地参与文化内容。[158]

在实践中，平衡联网的和未联网的博物馆体验是通过教育项目实现的，这些项目向参观者教授专心观察和其他观赏艺术的模拟方法。在加州的埃尔塞贡多艺术博物馆，一位冥想教育家和该博物馆合作举办了一个讲座，名为“心的艺术：观赏艺术时的心灵感应”，向参加人员——博物馆教育工作者、讲解员和艺术家——教授行走冥想等全面观赏文化作品的方法。[159] 目前，华盛顿的弗莱艺术博物馆与瑞典医学中心康复服务处合作提供每周一次的正念冥想课。在理疗师的带领下，该免费计划旨在帮助参观者在展馆探究和理解艺术品时运用当下时刻的意识和磨炼静心凝神的定力。[160]

扩展阅读

下面的资源推荐给那些希望更多了解“平衡我们联网的和未联网的生活”这一主题的人们：

美国大屠杀纪念馆采用新制度以吸引数字一代

go.nmc.org/holo

（梅纳赫姆·韦克，《华盛顿邮报》，2014 年 10 月 3 日）美国大屠杀纪念馆正设法在提升参观者参与度和保持其展馆冥想氛围之间取得平衡，并已推出旨在完善博物馆参观的一款移动应用程序，这实际上是废除了不能对其永久收藏使用智能手机的这一禁令。但他们关心的问题是：在纪念馆内，最重要的是参观者能对他们分享的方式和内容心存尊重，但是博物馆明白这将很难进行监控。> 政策

艺术会聪明地利用智能手机吗？

go.nmc.org/artsmarts

（史蒂夫·约翰逊，《芝加哥论坛报》，2014年3月28日）这篇文章提供了博物馆、剧院，甚至动物园在接纳无处不在的智能手机文化的同时仍试图保持受众和艺术品

面对面接触的一些实例。芝加哥的“光谱四重奏”最近负责一个项目，该项目邀请作曲家为手机上使用的一组古典弦乐创作了公众可以获取的铃声、短信提醒声或闹铃声。> 领导力

对设备之间的空间进行设计

go.nmc.org/desfor

（乔什·克拉克，《INVISION 应用博客》，2015 年 2 月 23 日）这篇博客认为，通过创造更自然的用户界面，包括借用传感器，我们的数字互动将从屏幕转移到自然环境中。我们对物理联系和数字联系将有同等的意识，我们的设备将不会导致当前我们在使用个人设备游览物理空间时埋头于自己设备的这种与外界隔离的景象。> 领导力

少用智能手机可能会令你更好地进行思考

go.nmc.org/might

（塞里·格拉斯列，WNYC，2015 年 2 月 9 日）研究表明，我们的大脑需要时间休息，但条件反射性地查看手机使我们的大脑无法得到休息。让心灵徜徉来激发创意，这也是博物馆参观的一个重要方面。博物馆应该小心不要让移动应用程序和鼓励馆内使用设备的方法剥夺了这种不经意间获得发现和灵感的过程。> 实践

测评新技术的影响

难以应对的挑战：理解但难以找到解决方案的挑战

博物馆正越来越多地利用诸如移动应用、社交媒体、自然用户界面，以及增强现实等新兴技术来为其展览和馆藏品添加互动元素。[161] 随着人们越来越重视数字领域，一些有思想的领导者担心使用这些工具将取代所需要的技术评估框架。[162] 虽然许多博物馆都精于评估其传统方案，[163] 但他们还没有制定出可以对其技术部署成功与否进行测评的标准协议。令这一挑战更加艰巨的是下面这种观点：即在大规模技术实施前，应该分别进行技术实施前和实施后的评估以及博物馆员工必须透彻了解技术工具在多大程度上与博物馆的使命相一致。不幸的是，并非总有新技术在文化遗产领域应用的具体先例，最先采用新技术的那些博物馆在开始尝试时也是抱着赌一把的心态。随着博物馆变得更擅长测评这些技术的影响并和其他机构分享自己的测评结果，希望技术采用的风险系数会显著变小。

概述

新兴技术的使用几乎已经遍及了人们生活的各个方面，这就加大了精准确定各种设备和工具影响的难度。[164] 在 Debate.org 最近组织的一次民意调查中，有 60% 的受访者认为他们所拥有的设备改善了他们的生活，而另外 40% 的受访者声称他们正在受所拥有设备的牵绊。出现这种肯定和否定关联的差别在于技术的使用方式而非设备本身。[165] 而“如何使用”已经成为各类机构采用 21 世纪技术工具时所考虑的首要因素之一了。学习型组织，如博物馆所处的位置都很独特，因为他们通常部署的一些技术必须和教育成果相关联，同时技术部署的最终目标是提高参观者对艺术品、实物展品、历史和文化的学习。例如，博物馆移动应用程序的影响可能不是完全体现在该程序使用者的绝对数量上，而可能还体现在使用者和该程序互动的质量上。从本质上看，质量的测评要比数量的测评更难，因为它是主观的。

许多博物馆都已经转向社交媒体，以加强和追随者的互动并跟踪他们的参与。丹麦的一位博物馆专业研究人员在2014年博物馆和网络会议上做了报告演示，认为纳入社交媒体活动可以让博物馆工作人员对追随者按照互动程度进行分类，如“热心者”“相关者”“贡献者”“感兴趣者”或“提供信息者”等。[166]此外，最切实的影响测评方式之一就是通过货币收益进行测评。在意大利小型博物馆玛德玛宫的实例中，他们的数字化战略近期包括众筹购买和安置一件著名的瓷器藏品。这次集资活动除了使该馆从世界各地的艺术和历史爱好者那里集资到远远超出其目标的10万欧元外，它还成了玛德玛宫进行宣传推广的一个手段。参与该活动的捐资者现在和这件藏品有了联系，这可以加深该馆与其受众之间的关系。[167]虽然这个实例可以为其他博物馆提供灵感，但评价一个孤立项目成功与否只需要短期努力；故事很重要，但具体的数据也同样重要。人们仍然需要有针对长期计划和技术使用的评估框架。

《未来博物馆》杂志认为，许多博物馆对于涉及利润的价值都有一个狭义的概念。这些博物馆将“社会、政治、情感、教育和创意上的影响”以及人们对博物馆计划和展品的参与深度作为测评应用技术价值的元素。[168]但是，对于没有预算或时间来设计和管理先进的跟踪系统的小型博物馆而言，监测技术的影响可能会造成更大的挑战。大型技术供应商正在越来越多地将分析功能纳入他们的技术平台，特别是在移动领域。谷歌在2014年年底宣布它正在通过谷歌文化研究所向博物馆提供一款应用程序开发软件，该软件具有3D地图和视频等移动特点，可以令网上的博物馆参观者有身临其境的感觉。[169]这样做的目的是使所有的博物馆能够让那些无法进入博物馆实体空间的人们获得高度参与的体验。通过谷歌开发者控制台这款应用程序，博物馆将能够追踪其网上参观者的行为和参与的细节，但情感体验的测评仍然还是无法做到。

对政策、领导力或实践的影响

测评新技术影响的这个挑战对于博物馆而言特别困难，因为缺少可用来评估技术影响的正式政策。不过，博物馆可以借鉴相关领域的标准和协议并根据自身的境况进行调整。博物馆和图书馆服务研究院（IMLS）致力于向文化遗产机构提供获得证明的、可以说明技术创新价值的知识。该研究院已经制定出了一张列表，包括推荐的用于计划评估的通用指南、构建可扩展模型的模板、项目规划工具和评价方法。[170]虽然各博物馆都在分享最佳做法，但制定有效的技术测评标准最终只是在小规模地进行。希腊三所大学的研究人员最近出版的论文“虚拟博物馆的界面虚拟化技术的可用性评估”，分析了博物馆利用在线功能提供的和用户体验有关的服务，并推荐了令数字交互人性化的方式。[171]

博物馆在开发新技术前制定评价基准至关重要，这样他们就不会对实施后创建的测评标准解决方案进行改进了。在明尼阿波利斯艺术学院名为“动态新方法”的战略简要中，该学院列出了他们的主要目标，其中包括提升受众参与度和加快全球化等。他们采用的每一种技术都必须服务这些目标，且必须对技术在实现这些目标中的作用进行评价。[172] 该领域的领导人也认识到了解如何使用数字工具来测评博物馆计划的广泛影响是同样重要的活动。宾夕法尼亚大学艺术的社会影响研究项目（SIAP）是基于如下使命成立的，即文化机构、艺术机构和遗产机构对城市活力和社会福利至关重要。SIAP 强调使用链接开放数据揭示社区积极回应博物馆的模式。[173] 2014 年 8 月，他们利用这些数据展示了艺术如何影响了美国四个城市的经济、卫生和社会关系。[174]

一些博物馆将培育创新和改进工作流程看作是成功做法的关键因素。2014 年，史密森尼学会数字化项目办公室利用坐落在该学会美国国家历史博物馆的美国国家钱币收藏馆对曾在 19 世纪和 20 世纪初用于制作纸币的精制币进行数字化。[175] 对 25 万枚在金属板上手工雕刻的这些精制币进行虚拟数字化采集通常每张将需要 15 分钟完成，造价是每张 10 美元；预计这个过程将需要几年时间才能完成。然而，由 20 名史密森尼学会工作人员组成的团队在不到一年的时间内使用传送带和一个自定义设计的 8000 万像素的成像系统开发了一种更具成本效益的快速采集工作流程。原本永远不会被曝光的精制币细节因为这项技术而能够向公众提供了。史密森尼学会认为向公众提供前所未有的观赏历史文物的机会是真正能够衡量其数字化新流程有效性的一个测评标准。

扩展阅读

下面的资源推荐给那些希望更多了解“测评新技术的影响”这一主题的人们：

博物馆对虚拟世界见仁见智

go.nmc.org/virtues

（阿南德·格里哈拉达斯《纽约时报》，2014 年 8 月 7 日）本文描述了博物馆在数字领域对新的平台和应用程序进行实验之前事先制定一个计划的重要性，该计划含有基准并能对照明确阐述的目标对所取得的进展进行测评。> 政策

测评奥克兰博物馆“莫阿纳——我的海洋”展所创造的价值：投资的社会收益（SROI）分析

go.nmc.org/auck

（JA. 艾尔普莱斯、M. 鲁哈尼和 C. 米尔斯，奥克兰市议会，2014 年）新西兰第一座博物馆——奥克兰战争纪念博物馆举

办的名为“莫阿纳——我的海洋”这一专题展览对新西兰独特的海洋环境进行了探索。这份报告描述了该馆如何利用投资的社会收益（SROI）评价方法来了解他们在布展投资上的效益成本比率。> 领导力

我们从观察博物馆数字化展览中的受众中可以学到什么？

go.nmc.org/canwe

（安德鲁·刘易斯，维多利亚和阿尔伯特博物馆，2014年9月25日）这篇网络文章描述了3个使用数字技术参观博物馆的体验，并观察了最近的一项研究是如何将对参观者的观察和参观者行为的录像结合起来审视人们“自然”行为的。作者利用这项研究形成了基于实证的洞察，使人们对博物馆的展览设计、对参观者的研究和评估有所了解。> 领导力

交织的社会：与克利夫兰艺术博物馆的瑞娜·古德温进行访谈的第一部分

go.nmc.org/weav

（克里斯汀·索莱科·韦斯特，AMT实验室，卡耐基梅隆大学，2014年11月5日）社交媒体使得博物馆可以利用定性和定量指标来测评受众的参与情况，从而能够更加全面地描述受众的参与情况。博物馆可以利用社交媒体提供的这些平台让参观者自由表达他们的意见并分享令他们有个人感触的参观内容和体验，博物馆从而可以从这些平台上搜集有价值的信息。> 实践

在技术、工作流程和基础设施方面保持先进性

棘手的挑战：复杂到难以定义，更谈不上如何解决的那些挑战

许多博物馆都还没有配备技术基础设施来实现他们对于数字化学习、资产数字化以及内容制作的愿景。虽然博物馆界对数字工具在可访问性和解说方面的价值理解得越来越透彻，但绝大多数机构在技术上或结构上并没有做好追求这些现代目标的准备。专业人员和资金的缺乏使得机构几乎没有时间去清晰阐述这些目标，更谈不上实现一个需要长期规划和对运营实践进行全面再造才能实现的愿景。博物馆的持续发展取决于这些机构是否能够妥善解决不同领域的发展，包括全面的数字化战略、内容管理的标准、数字化解说和保存以及人员配备。总之，对那些打算使用有效做法的博物馆的要求种类繁多，不尽相同，而且博物馆界至今尚未完全理解那些要求。

概述

今天的博物馆越来越关心使用最新数字系统来管理他们的资产，以确保收藏品及其元数据将来可被博物馆的利益相关者理解，或许更重要的是可被未来的人们理解。然而，数字资产管理（DAM）是一个不断变化的目标，它需要有技能的专业人士对其进行专门维护。DAM学习中心已介绍了不发达的数据资产管理系统对博物馆造成的损害。在苏格兰国家信托的案例中，一个分散管理的零散系统意味着专业人员要花费几个小时试图满足客户和同事对图像的需求。这些低效率使机构很难关注项目、收集工作和基础设施上的其他改进。对博物馆馆藏采用有效数字管理的需求是在现代科技格局下寻求可持续扩展的博物馆日益关注的问题。[176]

这个棘手的挑战几乎适用于文化遗产机构的每一个部门，并因为缺乏资源制定和执行可带来进步的计划而变得更棘手了。虽然博物馆面临的这些困难还有待进行全面详细地探索，但和博物馆界有着类似的

需优先考虑的事项及流程的图书馆界已对该主题进行了一定的研究。在伊利诺伊州州立大学最近发布的研究中，来自米尔纳图书馆的研究人员探索了在一个资源不足的机构实现现代数字保存计划的困难，并在最后讲述了他们是如何设法采取行动来完成其使命的。他们的探讨强调了一长串的挑战，包括极少的资金、缺乏培训、缺乏参与、疲于改变和得到管理者的支持。在解决这些问题的方法中，研究人员引证了开发一个通用语言进行讨论的重要性，讨论题目包括数字化保存、区域或跨机构合作以及对部门负责人进行的额外培训以帮助他们有效地分配资源[177]。

要理解这种挑战的复杂性，关键是要承认日新月异的技术发展有利于长期战略，包含灵活的技术整合方法和在博物馆需要什么类型的专业技术人员这个问题上采取更广阔的视角。然而，机构往往面临预算限制，所以无法聘用和培训能领导实施或实施数字化举措的工作人员，包括程序员、设计师和展馆技术人员。所以，越来越多的博物馆专家都在强调员工多样化和确保各学科（既有数字化专业也有博物馆研究专业）代表性对建立坚实内部基础知识的重要性。但是制定预算以推动进步需要全面了解这些决策如何在运营层面上影响博物馆，这将导致在实践中放弃短期的基于项目的发展道路，改为倾向于能促进可持续发展和持续增长的愿景。

对政策、领导力或实践的影响

基础设施标准的维护可以在国家层面得到加强。加拿大文化遗产信息网（CHIN）是一个政府机构，它为加拿大的博物馆和其他文化遗产机构提供了通过数字技术进行互接的网络。[178] 网上的资源是面向博物馆专业人员提供的，并为文化遗产部门提供了管理馆藏品的资源和专业知识。作为资产的一部分，CHIN 拥有关于各流派各类别艺术收藏品元数据标准的全面文档记录，以及知识产权、教育和数字保存的标准。[179] 美国国会图书馆也积极支持推动制定现代工作流程和基础设施的标准，在该领域专家的帮助下出版了《2015 年国家数字管理议程》。该报告旨在提供有关技术趋势、能力上的差距和资金筹集等关键领域方面的见解，内容涵盖了对基础设施的新顾虑，并对从业人员在数字管理工作方面提出了建议。[180]

许多博物馆通过对领导力和专业发展进行创新已经在持续发展上取得了大进展。在纽约大都会艺术博物馆，首席数字官（CDO）与首席技术官（CTO）和首席信息官（CIO）密切合作，围绕与公众分享的内容制定了战略。在最近的一次采访中，大都会艺术博物馆的 CDO 描述了技术应该如何建立如下循环的方法，即一次难忘的网上体验促使参观者亲自去看艺术作品，然后这次难忘的现场亲身体验又促使客人保持了和博物馆的联系。[181] 数字图书馆联盟

（DLF）通过该机构的 Cross-Pollinator 奖学金为专注于数字人文学科的博物馆专业人员提供专业发展机会，该奖学金为愿意参加 DLF 论坛的博物馆从业人员提供旅行费用。该奖学金的设计目标在于打破组织孤岛并鼓励提出新观点，它积极寻求从事数字馆藏和服务的博物馆专业人员，以便对文化遗产机构如何在网络环境中运作以及如何完成他们的任务有更多的了解。[182]

不断进步是有远见的从业者团体的共同目标，许多组织及个人正在率先朝着该共同目标迈进，努力让所有人理解他们的知识和经验。自 2012 年起，博物馆数字出版社就开始为博物馆专家提供了一个在开放合作的博客空间里讨论数字战略、数字化和工作流程等主题的平台。[183] 网上发布吸引了博物馆界的许多领导人和数字服务专家，他们在该平台上讲述他们利用新兴技术实施现代战略的经历。在古根海姆博物馆，博物馆的领导人在数字实践方面正在取得进展，他们制定了一个面向公众的、分三个层次实施的电子记录管理计划。[184] 在国家历史出版物和档案委员会的资助下，这个为期 18 个月的项目正在努力为后代保存古根海姆的历史，并确保今后提交的档案全部实现电子化。[185]

扩展阅读

下面的资源推荐给那些希望更多了解“在技术、工作流程和基础设施方面保持先进性”这一主题的人们：

说服员工使用新技术

go.nmc.org/conv

（迪蒂尔・邦耐特，《哈佛商业评论》，2014 年 9 月 9 日）组织往往关注新平台和技术的部署而不是采用，如果员工不能表达自己的疑虑或是没有感觉融入新平台，这就可能会导致怀疑情绪的蔓延。做少但要做好、从开始就为技术采用进行计划和预算、以身作则、吸引真正相信技术的人、调整和落实奖励和认可，这样做就能帮助组织将适应性纳入其工序、工作流程和文化。**> 政策**

为科技创建数字基础设施

go.nmc.org/datainfra

（自然历史博物馆，2015 年 2 月 18 日）自然历史博物馆正在与博物馆同行、其他学术组织和行业伙伴合作建立一个数据基础设施，以便它可以自由地在网上分享其庞大的藏品和研究数据。信息学是提供数据存储、管理和共享框架的关键。反过来，通过为政府成功制定栖息地保护政策提供支持，该数据存储、管理和共享框架又会产生很大的文化影响。**> 政策**

数字神话

go.nmc.org/digmyth

（米娅・里奇，博物馆协会，2014 年

1月17日）由独立研究机构MTM最近为英格兰艺术委员会、艺术与人文研究委员会及英国国家科学、技术和艺术基金会（Nesta）准备的一份报告认为，与该领域其他部门相比，博物馆不太可能报告来自数字技术的积极影响，尤其是在创收和受众开发方面。因为这一发现，该报告强调了博物馆高级管理人员必须深入了解数字技术的影响，从而能在博物馆基础设施内建立试验空间。> 领导力

威尔士国家博物馆解决数字技术

http://go.nmc.org/wales

（卡罗琳·鲍德温，《电脑周报》，2014年10月17日）本文描述了威尔士国家博物馆在实施3年战略中途所面临的挑战，他们的战略是对该馆所在的七个校区实施数字化并使数字思维深入这些校区。到目前为止，他们已经对400万件实物中的140万件做了电子记录，整理遗产数据系统、安装无线网络（Wi-Fi）和测试信标技术的工作都正在进行中。> 实践

隐私问题

棘手的挑战：复杂到难以定义，更谈不上如何解决的那些挑战

随着个体同意公司和博物馆跟踪他们的交易和参观行为，以换取便利、优惠或免费服务，数据隐私的安全问题日益受到人们的关注。埃森哲公司最近的一项调查显示：在美国和英国，尽管80%的20～40岁年龄段的消费者认为在数字化世界不再可能有绝对的隐私了，但87%的消费者认为没有实施适当的保护措施来保护他们的隐私。该调查还着重说明了消费者关心并希望知道他们个人信息的存储和使用方式。[186] 家得宝[187] 和索尼影视娱乐[188] 最近的安全漏洞有助于突显个人信息的易泄露性。博物馆领域内的隐私政策正在不断完善，但很难跟上以数据为中心的新技术的迅猛发展、网络罪犯的花样翻新和人们不断变化的对隐私的期望。

概述

随着为获得有关消费者的数据收集越来越多，数据泄露的风险也变得越来越大。波耐蒙研究所调查的受访者中有43%的人表示他们的公司发生过数据泄露，涉及丢失或被盗的记录在2014年超过了1000条，比2013年增长了10%。令人担忧的是，60%的受访表示他们经历过不止一次的数据泄露。尽管26%的受访者表示，他们的公司有关于数据泄露或网络保险的政策，但这是远远不够的。[189] Trustwave全球安全报告发现，美国对网络罪犯特别有吸引力，因为美国是消费拉动型经济。虽然全球59%的安全漏洞发生在美国，但这个问题并非美国独有的。[190] 中欧大学媒体、数据和社会中心的报告结果显示，数以百万计的欧洲人的个人资料已被泄露，并且89%的数据泄露是公司的过错。[191]

博物馆正在努力制订计划，以保证新获得数据的私密性。他们强调在博物馆实施方案积累数据时受众是事先同意的，博物馆对信用卡号码进行了加密并将付款细节和他们数据库中的客人资料进行了分离。[192]

尽管有这些保证，博物馆还是和其他公司一样容易发生数据泄露。网络犯罪分子在2014年夏季攻击了牛津大学的一所博物馆——阿什莫林博物馆。一个身份不明的黑客闯入了该馆的网站，偷走了近8000名访问者的姓名、地址、电子邮件地址、电话号码及参观的日期和时间。虽然博物馆道歉了，但对这次攻击轻描淡写，报告说没有财务细节外泄，并解释说最大的风险是通过各种渠道进行的不请自来的营销传播。[193]

令这个棘手的挑战变得更难应对的是公众随着技术进步而不断变化的对隐私的期望。公民权利和社会生活正在迅速模糊公共生活和私人生活之间的界限。为了在网上存在，个人发帖进行状态刷新并在公开的和公共场所分享照片，以扩大朋友圈、找到和增加自己喜欢的社群。个人数据也是知识经济的货币——这是许多商业模式的重点。[194]此外，个人也会发出自相矛盾的信息；博物馆的参观者在接受调查的时候说他们希望有更多的隐私，但如果要他们选择是否加入博物馆的方案时，他们也愿意加入。[195]解决方案可能来自那些所有或大部分时间都在网上度过的青少年和新千年一代，因为他们越来越多地采用多种工具来帮助保护他们的隐私和个人信息。新的交流方式，如“阅后即焚”（Snapchat）和“晒不得”（Cyber Dust）软件突显了既能将公共和私人交流的最佳内容进行融合又不会留下很多数字足迹（digital footprint）的新一波通信方式。[196]洛杉矶郡立县艺术博物馆、布兰顿艺术博物馆、佐治亚州艺术博物馆和旧金山现代艺术博物馆只是少数在“阅后即焚”空间进行尝试的博物馆。[197]

对政策、领导力或实践的影响

美国联邦政府关于隐私保护的政策在不断改变，并往往需要对新类型的威胁和攻击做出反应。鉴于美国在2014年遭受的安全漏洞的困扰，美国总统奥巴马公布了将有助于保护消费者和学生免受网络攻击的立法。他的计划要求公司在客户个人信息被泄露后的30天内通知到客户，并提供联邦政府对网络犯罪的执法情况。[198]联合国也在制定有关隐私保护的决议草案，这个由巴西和德国牵头制定的草案名为《数字时代的隐私权》。[199]在制度层面上，隐私权政策无处不在。快速浏览任何一家博物馆的网站都会看到他们的政策声明，其中通常包括选择同意接收信息、被跟踪的信息、网络信标的使用、cookies软件等文字内容，举例来说，正如赫德博物馆上显示的那样。[200]

虽然很多政府都制定了正式的隐私政策，但博物馆领域的领导者正在制定能够在制度层面保护隐私的最佳实践。莫兹拉公司最近在审查和更新他们的数据隐私保护原则，该原则指导他们如何建立自己的产品和服务、如何管理用户数据及如何选择合作伙伴并与之互动，这为博物馆提供了有价值的参照基准。莫兹拉公司的五条数据隐私原则是“没有意外情况、用户控制、有限的数据、合理的设置和纵深防御。”[201] 会议和讲座也是博物馆进一步开展数据隐私研讨的方式。探索馆正在促成在 2015 年博物馆和网络会议上举行有关博物馆如何能够了解当前的网络隐私问题的座谈。话题将包括博物馆网站和应用程序上发布的隐私，美国联邦、美国各州和欧盟的隐私法规以及对供应商的跟踪和报告技术进行评估的方法。[202]

使用数字足迹作为源码的展览和解说工具使得博物馆内关于隐私的辩论更加复杂了。在犹太博物馆，有位艺术家为了一个题为“组合：身份、政治和性爱”的展览而对各种在线资源上的信息进行了挖掘，包括交友网站上的信息。因为隐私问题，这引起了参观者的一些反对。该博物馆收到了参观者的投诉，他们称艺术家从交友网站上获得了他们的照片并将他们的肖像作为此展览的一部分予以公开展出。[203] 最近出现的参观者跟踪技术正在导致博物馆监控更加透明化。目前在一些博物馆使用的位基服务，例如 iBeacons，是博物馆最近关注的问题。博物馆和供应商对于这项技术如何使用以及如何不使用的问题正在变得越来越坦率了。他们需要向公众明确说明该技术不是用来跟踪用户的位置和活动的，而是为了提供更好的整体体验。[204]

扩展阅读

下面的资源推荐给那些希望更多了解“隐私问题”这一主题的人们：

大数据：抓住机遇，保留价值

go.nmc.org/values

（白宫，2015 年 2 月）大数据和隐私保护工作组创建了一份报告，确定了在这个数据采集几乎无所不在的世界值得立刻付诸行动的具体政策建议。这些建议包括加快制定《消费者隐私权法案》和通过国家关于数据泄露的法律。> 政策

如果数字时代还有隐私，那隐私应该有一个新的定义

go.nmc.org/iftheres

（史蒂夫·海恩，美国国家公共电台，2014 年 3 月 3 日）本文说明为什么必须重新定义对保护隐私的期望，因为人们将永远无法完全消失，但实施正确的法规和采用正确的技术可以有助于个人数据的管控。> 政策

公开你的隐私政策

go.nmc.org/privpub

（卡马拉·D. 哈里斯，加州司法部门的总检察长，2014 年 5 月）这份由加利福尼

亚州司法部门创建的文件针对如何令一般的隐私政策声明比一个只是单纯满足最低法律要求的政策更有效和有意义这个问题提供了建议。制定隐私政策是企业建立自己的品牌和通过政策公开透明形成商誉并获得公众信任的一个机会。> **政策**

奥巴马提议对数据泄露和学生隐私保护进行立法

go.nmc.org/breach

（凯蒂·泽兹玛,《华盛顿邮报》，2015年1月12日）美国总统奥巴马在美国联邦贸易委员会的一次讲话中公布了一项立法，该法将要求公司在发现个人信息被盗后的30天内通知到客户。> **领导力**

你的量化自我有多安全？

go.nmc.org/howsafe

（马里奥·巴拉诺·巴尔塞纳、坎迪德·伍伊斯特、刘涵，赛门铁克公司，2014年8月11日）随着可穿戴设备和量化自我趋势的兴起，很多公司，如赛门铁克公司警告说，已经在很多自我跟踪设备和应用程序上发现了安全隐患。最重要的发现之一是所有检查过的可穿戴活动跟踪设备，包括来自领导品牌的那些设备都易受到位置跟踪。 > **实践**

一个人的猫跟踪地图可以在隐私设置方面告诉我们什么？

go.nmc.org/cat

（奥德拉·施罗德，*The Daily Dot*，2014年7月21日）佛罗里达州立大学的一位美学副教授创建了一个名为“我知道你的猫住在哪儿”的数据可视化项目，为来自Flickr和Instagram等图片网站上被选作样本的100万只图片公开的猫咪进行了地理位置的描绘。他写了可以访问公共应用程序界面（API）数据的软件，并希望该项目有助于围绕数据使用、共享和隐私保护展开对话。 > **实践**

博物馆教育和解说技术的重要发展

这一部分详述的六个技术发展中的每一个都是由该项目专家小组使用新媒体联盟地平线项目基于特尔斐法的数轮迭代研究、讨论和投票而选出来的。在新媒体联盟地平线项目中，教育技术从广义上被定义为用于提高教学、学习和创造性探究的工具和资源。虽然研究的许多技术不是专为博物馆教育和解说开发的，但他们在该领域的应用是显而易见的。

专家小组的成员一直认为这些技术很可能在未来5年推动技术的规划和决策，并根据应用时间将他们分为了三类：预期在今后1年左右可被博物馆广泛采用的近期技术，将需要2~3年才可被博物馆广泛采用的中期技术以及预计在今后4~5年内将进入博物馆教育和解说技术主流的远期技术。关于技术的每个主题都是从主题概述开始进行论述的。

专家小组最初审议的主题列表是根据技术的主要起因和使用进行归类的。专家小组围绕重点审议的技术的潜在应用，特别是在全球博物馆中的应用进行了一系列的在线讨论，可以通过 museum.wiki.nmc.org/Horizon+Topics 这一链接查看专家小组的在线讨论。

该项目开始时，专家小组得到了一套内容广泛的背景材料，材料确定并记录了在教育及其他领域使用的一系列现有技术。专家小组也被鼓励去考虑那些博物馆远期将会应用的重要技术的发展。一项新技术是否能被纳入本书的一个关键标准是它和博物馆教育及解说的潜在关联性。

如前文所示，专家小组在第一轮投票中将研究的主集合减至为新媒体联盟工作人员在当时进行了更多深入研究的12项技术发展。对于没有纳入最终报告的那些技术，专家小组在该项目的维基网 museum.wiki.nmc.org 上面也会经常对他们进行深刻探讨。有时候一项候选技术没有获得投票通过是因为专家小组认为该技术已被广泛用于博物馆了或是专家小组认为该技术的广泛应用要等到5年以后了。有些技术虽然耐人寻味，但没有足够可信的项目实例来证实他们。

目前有七类应用于博物馆的技术、工具和战略处于新媒体联盟的持续监测之中。这些归类都不是一个闭集，而是旨在提供一种方式对那些或许与博物馆教育及解说相关的新兴技术进行说明和发展归类。事实证明这七个类别的划分是相当一致的，但几乎在每一轮研究中都会有新技术被加入到这些类别中来；其他技术则是被合并或更新。总的来说，这些分类的作用是充当创新思考的透镜，对每个类别的描述如下：

> **消费技术**是用于娱乐和专业用途的工具，他们不是为进行教育而开发的技术，至少在最初阶段是如此，虽然他们可能会成为很好的学习辅助工具，会非常适合在博物馆使用。这些技术进入各机构是因为人们在家中或其他情境下使用他们。

> **数字化战略**与其说是技术，不如说是在博物馆内外使用设备和软件丰富教育和解说的各种方法。有效的数字化战略可以在正式和非正式学习中使用；令专家们对数字化战略感兴趣的是他们超越了传统想法，创造出的感觉是新颖的、有意义的，并像是21世纪的事物。

> **使能技术**是那些有潜力改变我们对自己设备和工具期望的技术。这一类技术和学习的联系不太容易建立，但是这组技术让人们看到了实质性的技术创新。使能技术扩大了我们工具的范围，使我们的工具功用加强、更为有用，而且往往也变得更容易使用。

> **互联网技术**包括有助于使我们和网络交互的技术更加透明、更少干扰和更容易使用的技术和必要的基础设施。

> **学习技术**包括明确为教育部门开发的工具和资源以及一些发展途径，这些发展途径可包括改自其他用途但与战略相符从而可用于学习的多种工具。这类技术所包含的多种技术通过使教育和解说更加方便和个性化而正在改变着教育和解说的现状，无论是正式或非正式的教育和解说。

> **社交媒体技术**原本可以纳入消费技术的范畴，但他们如此普及并如此广泛地应用于社会的各个领域，所以，他们因为重要性得到提升而自成一类。这类技术和社交媒体一样完善，并随着网上不断涌现的新理念、工具和发展而不断取得迅猛发展。

> **可视化技术**的范围从简单的信息图表到各种复杂形式的可视化数据分析不等。他们的共同点是他们利用了人脑固有的快速处理视觉信息、识别模式和在复杂情况下感知顺序的能力。这些技术是数量在不断增多的用于挖掘大数据集、探索动态过程和通常能令复杂操作变简单的工具和流程集群。

以下数页是对 2015 年博物馆版专家小组予以强调的六大技术进行的讨论。专家小组一致认为这些技术有可能促进博物馆发生真正的改变，特别是在发展教育和解说方面。同样，每部分包括有技术概述、该技术对教育和解说的关联性的讨论以及博物馆的研究项目实例和扩展阅读推荐。

消费技术

3D 视频
遥控装置（Drones）
电子出版
移动应用
量化自我
机器人
平板电脑
远程呈现
可穿戴技术

数字化战略

自带设备（BYOD）
翻转课堂
游戏和游戏化
位置智能
创客空间
保存 / 保护技术

使能技术

情感计算
蜂窝网络
电震动
柔性显示器
地理定位
位基的服务
机器学习
网状网络
移动宽带
自然用户界面
近场通信
下一代电池
开放硬件
语音到语音翻译
统计机器翻译
虚拟助理
无线电源

互联网技术

云计算
物联网
实时翻译
语义应用
单点登录
聚合工具

学习技术

标识卡 / 小额信贷
学习分析
大规模开放在线课程
移动学习
在线学习
开放内容
开放式许可
虚拟和远程实验室

社交媒体技术

协同环境
集体智慧
众筹
众包
数字身份
社交网络
隐性智力

可视化技术

3D 打印 / 快速原型
增强现实
计算机视觉
信息可视化
可视化数据分析
体积和全息显示

自带设备（BYOD）

预期投入应用时间：一年以内

自带设备（BYOD）也称为自带技术（BYOT）指的是人们带上自己的笔记本电脑、平板电脑、智能手机或其他移动设备以便在学习机构或工作时取得成效。英特尔公司在2010年创造了这个词，英特尔当时注意到越来越多的员工在公司使用自己的设备并将这些设备接入了公司的网络。该公司报告说，自从实施BYOD政策以来，公司的年生产时间增加到了500万小时，对于那些正在权衡BYOD好处的其他公司来说，这个数据是极有说服力的。[205]在博物馆，BYOD这一趋势体现在两个方面：一方面，博物馆正在适应随处携带联网移动设备的参观者；另一方面，博物馆的员工在馆内使用个人笔记本电脑和智能手机开展业务和完成任务。从本质上讲，博物馆是在利用BYOD政策向参观者提供他们感觉最舒适的服务；个人智能手机已成为提供博物馆服务和各种互动教育活动的切入点了。

概述

移动设备已经成了个人进行工作和学习的一条途径，因为它使随时随地发生的探索和生产都能轻松进行。在允许BYOD的工作环境中，员工不用再被固定在办公桌边或是物理空间内来执行他们的任务了。加特纳预测，到2018年，用于工作的员工自有设备的数量将是公司设备数量的两倍。他们的这一发现表明全球各个行业正在开发IT基础设施的方式发生了转变，BYOD被认为是限制成本和扩大准入的最佳的选择。[206]顺应这种转变的文化遗产机构正在投资新一代无线网络，以适应在线活动的增多和应对新出现的移动性与增强参观者体验这两者之间的联系。和其他领域一样，博物馆工作区内越来越多地允许BYOD的使用，因为它反映了现代的生活方式和工作方式。

BYOD带给博物馆人员的便利也促使

人们改变了对参观者体验的看法。虽然博物馆长期以来都为参观者提供语音导览设备，但他们现在则在鼓励游客在现场参观时使用他们的个人智能手机和平板电脑。许多博物馆管理者看到了 BYOD 在出借给参观者的那些设备上具有节约购买资金、保险资金和维护资金的潜力，从而可以将资源重新用于支持 IT 基础设施的建设，以促进博物馆的长期发展。[207] 此外，BYOD 使用户能够在他们得心应手的设备上使用博物馆的数字资源，这就节约了曾用于设备定位的时间和努力。然而，博物馆的教育工作者却注意到仍然有许多参观者缺乏设备，尤其是孩子。所以，名为选择自用设备（CYOD）的这一含有 BYOD 的混合方法被认为是一种以技术为基础的方案设计方式，该方案具有包容性并能防止疏远参观者。[208]

对于博物馆而言，BYOD 政策的一个要素就是允许参观者携带相机，相机功能现在是智能手机普遍具有的一个功能。是否允许使用相机这个问题一直是设法在利用 BYOD 政策提供的自由和保护博物馆氛围这两者间保持微妙平衡的许多文化遗产机构争论的一个焦点。例如，梵高博物馆在允许拍照 8 个月后于 2014 年 1 月重新恢复了对个人拍照的禁令。该博物馆改变政策是迫于博物馆两类参观者造成的压力，一类参观者希望仔细欣赏艺术品，而另一类参观者则设法在总是很拥挤的博物馆空间内对艺术品进行清晰的拍摄。[209] 另一方面，有相当多的著名机构包括卢浮宫、泰特博物馆、纽约大都会艺术博物馆和梵蒂冈博物馆都允许个人使用智能手机进行拍摄。[210]

与博物馆教育和解说的关联性

移动设备的普及，加之移动性日益受到重视，这对博物馆的技术战略产生了巨大影响，也推动了对大规模和高容量网络的投资。佐治亚州亚特兰大的佛班自然历史博物馆最近与美国电话电报公司和思科网络合作构建为本地移动应用程序提供支持的下一代网络，该应用程序包含有位基服务、基于浏览器的服务和实时位置分析。从本质上说，该应用程序为参观者提供了在其个人设备上和博物馆内容互动的机会，准入点的增加确保了参观者将一直和博物馆相连接。[211] 荷兰国立博物馆实施了一个类似战略。经过 10 年闭馆改造后，该博物馆于 2013 年重新开放，馆内先进的无线和有线网络为每天接待的 10000 ~ 15000 名参观者提供支持。网络的改善也简化了 IT 活动，使员工更容易通过基于个人资料的政策服务好客户。[212]

更多的博物馆看到了让参观者使用其个人设备拍摄艺术品并分享其体验对于博物馆实现教育目的和通过社交媒体扩大受众数量的价值。阿肯色州的水晶桥美国艺术博物馆率先实施了全面的 BYOD 政策，鼓励用户在指定区域拍照，通过其独特的标签及其他指令助记符在社交媒体上进行分享。[213] 作为西雅图博物馆月活动的一部分，56 家文化机构参与了基于移动叙事应用程序的 STQRY 数字活动，该程序允许用户在这 56 个机构共用的一个地方探索、找到他们最喜欢的展品并与其他用户进行分享。[214] 一些博物馆已经开始通过用户的个人设备吸引博物馆墙外的用户了。“#capture-Parklandia” 是波特兰艺术博物馆最近在社交媒体上开展的大型活动，他们使用博物馆网站上的定位地图 Instagram 和基于网络的照片流组织人们参与围绕波特兰艺术博物馆馆区进行的对话。[215]

博物馆内允许使用个人智能设备为收集数据进行个性化学习体验整合的机构提供了大量机会。新兴的路径寻找技术使得洛杉矶县艺术博物馆和古根海姆博物馆等机构能够跟踪参观者的足迹，更精确地了解哪些展品最受人关注。[216] 例如，Estimote Beacon 是通过博物馆内用户的智能手机和用户相连接的无线节能蓝牙发射器。[217] 博物馆应用程序的开发商正在使博物馆的应用程序与这些新技术同步，以便根据参观者的位置将具有靶向性的信息推送给参观者并利用参观者行为的大数据，这些数据能够有助于策划展览或制定基于手机的奖励计划。[218] 因此，BYOD 帮助进行的体验已成为用户用自己的设备、按照自己的方式参与的文化之旅的无缝扩展。这种借助新兴技术成为可能的个性化内容和服务使博物馆能够在任何地方服务参观者，并让他们参观博物馆的体验更加难忘。

自带设备的实践案例

下面的链接提供了对博物馆有直接影响的 BYOD 的应用实例：

威尔明顿的特殊展览提供了透过应用程序观赏的意大利艺术

go.nmc.org/ital

（梅丽莎・蒂潘托，*Technical.ly*，2014 年 10 月 9 日）保罗・鲁索创办了一个展览，名为“意大利艺术复兴团队找到的珍宝和故事：来自意大利金融警卫队的文物”展览，该展览展出了从意大利偷走的伊特鲁里亚和希腊罗马时期的无价艺术品和古董。他在特拉华大学的大学博物馆根据“带来你自己的故事”这一理念举办了此展览，展览利用 Aurasma 应用程序邀请参观者使用个人手机和设备将他们自己的故事添加到与这些古代艺术品有关的想法库中。> 领导力

科学博物馆推出了针对残障参观者的应用程序

go.nmc.org/ncm

罗利市的北卡罗来纳州自然科学博物馆推出了一款可向参观者提供许多好处的应用程序。该程序的一个重要特色是它为

有视觉障碍的参观者提供了一种可以在头脑里绘制出博物馆及展览示意图的方式，从而使这些参观者能够决定他们想花时间做什么。> 实践

扩展阅读

下面的文章和资源推荐给那些想要更多了解“自带设备”这一主题的人们：

博物馆的参观者通过手机连接到无线网络会是什么样呢?

go.nmc.org/splash

（安德鲁·刘易斯，维多利亚和艾伯特博物馆，2014 年 5 月 6 日）维多利亚和阿尔伯特博物馆正在研究如何改善那些使用个人设备连接到博物馆无线网络的用户体验。该博物馆最近在 Twitter 网上呼吁大家齐心协力研究无线网络的闪屏（Wi-Fi splash screens），世界各地 30 多名博物馆专业人员响应了他们的呼吁，向他们发送了各自机构的实例。> 政策

采用 BYOD：确保博物馆 BYOD 项目规划的成功

go.nmc.org/bringit

（斯科特·塞尔，2015 年博物馆和网络会议，2015 年 1 月 31 日）本文概述了康宁玻璃博物馆（CMoG）围绕以参观者为中心的 BYOD 进行的初步研究成果和制定的操作方法。基于斯坦福大学的设计思考，该博物馆针对用于预见和完善 BYOD 参观者体验的项目描述了已经发现的可以显著影响 BYOD 项目整体成功的八个相关变量。> 领导力

游戏和游戏化

预期投入应用时间：一年以内

数字游戏的文化在日益发展，玩家的平均年龄每年都在增加，这意味着相当大一部分的世界人口都受到了数字游戏的影响。游戏产业源源不断地开发出新的游戏，继续拓展和扩大其在艺术、社会和协作方面的内涵及影响，因为在线游戏允许来自世界各地的人们同时参与其中。美国心理协会已经强调了视频游戏对人类认知、动机、情感以及行为方面所产生的影响；大量的研究表明游戏可以让人们认识新的思想和新的行为方式。[219] 游戏化就是将游戏元素、技巧和框架纳入到进行培训和激励这些非游戏的情境中，这为围绕游戏具有改变教与学的潜力进行的讨论增加了新的方向。学习环境的游戏化也有助于博物馆的展览和项目与下一代的博物馆参观者产生共鸣。[220]

概述

游戏是市场上最受欢迎的一类移动应用程序，[221] 针对人们对游戏兴趣的不断增加，世界各地的博物馆创建了交互式移动应用程序。[222] 随着机构在非游戏环境中整合了游戏的元素和技巧，包括搜寻、体验值、排行榜、里程碑以及奖章等，游戏化也逐渐成了一个相关的方法。埃森哲的报告“为什么游戏化是一门正经事”强调了游戏化的影响将不可避免，因为热衷于网络和社交游戏的Y一代已经成年，将成为博物馆未来的参观者。尤其在东南亚，因为网络游戏的流行和智能手机的高普及率，该地区已被确定为世界上运用游戏化影响最有可能成功的一个地区。[223] 事实上，对于手机游戏在博物馆中的影响方面的研究表明，博物馆的参观者觉得手机游戏将增强他们的学习体验而不会令他们分心。[224]

游戏化成为消费者体验不可分割的一部分已经有一段时间了；几十年来，许多公司一直用会员奖励计划和其他累积奖励系统来激励自己的忠诚客户群。移动应用程序Foursquare将游戏化带入社交媒体领域已经多年了，它用积分、权利，甚至是包括优惠券和折扣在内的有形奖金奖励用户。[225] 事实上，正如此报告前文中所提到的，达拉斯艺术博物馆利用类似的游戏化技术分发博物馆奖励，以激励受众参与博物馆的规划和展览，这在博物馆界是首开先河。[226] 随着游戏化以及公众对博物馆规划参与度的增加表现出越来越明显的联系，更多的博物馆正在利用游戏机制的潜力将文化互动转换为带有回报的、有趣的和难忘的体验。

博物馆领导人都在阐明用于创建和整合游戏与基于游戏的学习的最有效方法。在最近举行的博物馆和网络会议上，外在游戏性和内在游戏性之间的细微差别是一个焦点。外在游戏性确立了独立于博物馆内容的游戏规则，而内在游戏性则要求玩家为了成功必须理解内容和游戏性这两项。会议主持人重点关注了几个游戏的例子，认为博物馆需要根据他们希望达到的学习结果来了解每种方法的益处和风险。[227] 同样，对澳大利亚国家海事博物馆名为“航行”这一基于19世纪定罪体验的游戏进行的初步研究显示了该游戏有望带来参与人数的增加，并促成了一个为期两年旨在将游戏有效整合到博物馆的澳大利亚国家科学研究基金会项目。[228]

与博物馆教育和解说的关联性

在博物馆外已经获得大众主流欢迎的游戏被放到教育背景下审视时往往需要选用一个新的视角。最畅销的大型多人在线（MMO）游戏“Minecraft”是一个很好的例子，它是一个适合所有年龄层、没有规定目标的游戏，玩家可以自由探索一个看似无限的虚拟空间，并使用不同材料做成的方块去建构或解构其周围的环境。[229] 成千上万的玩家在他们空闲的时间玩此游戏，同时学习数学和设计技能，大英博物馆的领导层已经注意到了“Minecraft”对博物馆教育的潜力。该博物馆在2014年晚些时候发布了一个帖子，呼吁志愿者使用“Minecraft”在网上建立虚拟的大英博物馆，结果一天之内就收到了1000份申请。[230]

博物馆正越来越多地和来自游戏产业的顾问以及公司合作，利用手机游戏的强大功能和灵活性开发自定义的解说材料。“在大都会的谋杀”是大都会艺术博物馆的多媒体团队和“绿色门实验室”（Green Door Labs）及“参观范围”（Toursphere）合作进行的旨在获得广泛关注的首批博物馆手机游戏项目之一。[231] 该手机游戏鼓励参观者探索展馆，寻找虚构的x夫人死因的线索。博物馆也在使用网络游戏开发软件Edventure Builder等工具创建为自己定制的手机游戏，如美国史密森尼艺术博物馆的寻物游戏。[232]

博物馆游戏可以创建关注实物展品而无需担心因接触而造成实物展品损坏的

数字体验。因为这一点，面向家人、成年人和青少年、注重基于博物馆藏品创建游戏的室内方案在蓬勃发展。在布鲁克林艺术博物馆，青少年利用游戏设计应用程序Tale Blazer合作创建手机游戏，邀请参观者探索该馆存放有2000件实物展品的卢斯可视存储中心。[233] 挑战参观者创建数字游戏的游戏众创在世界各地的博物馆也越来越受欢迎。[234] 维多利亚和阿尔伯特博物馆最近开展了“住宅游戏设计师”项目，实施诸如游戏众创（game jams）等博物馆的游戏创建活动。[235] 同样，来自南加州大学的24名学生最近在盖蒂中心参加了GettyJam这一游戏创建活动，游戏鼓励参与者仔细观察该中心的馆藏品。这支团队创建了12个博物馆游戏，形式从叙事故事到更具体验性的活动不等。[236]

游戏和游戏化的实践案例

下面的链接提供了对博物馆有直接影响的游戏和游戏化的应用实例：

寻找相似点的馆内冒险游戏

go.nmc.org/ingall

（澳大利亚国家博物馆，2015年3月9日）澳大利亚国家博物馆的博物馆游戏应用程序挑战玩家结成团队在进行探索及后来的体验反思时进行拍照、批判性思考并找出博物馆物品之间的联系。> 领导力

迈克·霍恩为计算机历史博物馆设计“青蛙池塘”展

go.nmc.org/frogpond

（玛丽莲·谢尔曼，西北大学，2014年11月13日）在加州山景城计算机历史博物馆举办的名为“青蛙池塘”的展览是一个多点触控桌面游戏，该游戏邀请博物馆参观者在玩游戏的同时将他们带入了计算机编程活动。参观者使用图形语言为青蛙的动作进行编程。> 领导力

叙利亚项目：身临其境的新闻工作体验

go.nmc.org/projsyr

（诺尼·德拉佩纳，YouTube，2014年1月28日）由南加州大学电影艺术学院用真实画面和声音创建的名为“叙利亚项目”的一种身临其境的新闻工作体验使用虚拟现实的视频游戏让玩家宛如身在叙利亚战区。这些体验有助于玩家和他们可能永远无法亲自前往的那些区域的人们产生情感共鸣。> 领导力

扩展阅读

下面的文章和资源推荐给那些想要更多了解“游戏和游戏化”这一主题的人们：

严肃游戏变得非正式化：以博物馆为中心审视基于智力游戏的学习

go.nmc.org/intelli

（乔纳森·P. 罗伊、艾来妮·V. 洛贝

尼、布拉德福德·W.莫特和詹姆斯·C.莱斯特，Intellimedia Group，2014年）这篇文章提议为科学博物馆可持续发展教育举办一个基于名为“未来世界”游戏的原型学习展，根据以博物馆为基础的一项研究发现可以知道该展览能够促进可持续性理解水平和高水平参与度的显著提升。> 领导力

利用生物反馈技术设计知道你的恐惧的游戏

go.nmc.org/biofeed

（埃里森·迈耶,《超级敏感度》，2014年2月19日）艾琳·雷诺兹在南加州大学互动媒体项目处进行的硕士论文项目导致了一款游戏的开发，该游戏通过心率监视器来计算玩家的心率变化，根据用户的焦虑开发了这款日益变得令人恐怖的游戏。她的发现为开发人员如何利用生物反馈创建能与玩家更好互动的游戏打开了通路。> 实践

评估虚拟环境中为非正式教育设计的基于游戏的学习过程的影响

go.nmc.org/evaluating

（帕纳吉奥蒂斯·阿伯斯托勒里斯、道格·A.鲍曼，ACM，2014年）本研究探讨了在博物馆空间结合严肃游戏和协同虚拟环境的社交体验所带来的机会这一问题。研究发现，带有社会互动的多人游戏的设计提高了参与游戏体验的受众数量。> 实践

位基服务

预期投入应用时间：两到三年

位基服务（LBS）根据用户的位置提供动态定制的内容。[237] 这些服务通常交付给移动设备；蜂窝塔坐标数据经常会根据全球卫星定位系统（GPS）数据得到改善，以确保对移动设备进行高度准确的定位。智能定位新技术以非凡的准确性被应用到建筑和室内空间的定位上。目前常见的应用 LBS 的领域包括广告、新闻、社交网络和旅游。在商业领域，位基服务已经成为几乎透明的方式来生成由用户的兴趣数据引发并与用户位置相匹配的行为。位基服务最近所取得的引人注目的发展是室内定位的出现，[238] 这项技术可以根据参观者在博物馆内的确切位置向他们提供非常具体的信息，使参观者能够获得针对其非常具体的位置提供的经过微调的信息或服务，不仅是相对于地球表面的位置，而且是在三维空间的位置，这样即使是不同的楼层也能够得到确定。

概述

位基服务通过无线蜂窝网络以及最近的蓝牙信标（Bluetooth Beacons）和 ByteLight 技术实现对物品或个人物理位置的数字定位。这个主题在消费行业之所以大受欢迎可以归因于 LBS 帮助加强人与业务之间双向沟通的方式。对于用户来说，位基服务能方便地提供有关用户周围环境的信息或建议，如附近的文化遗址。LBS 能使企业向目标客户提供与其地理区域相关的促销信息。[239] 配备有内置全球卫星定位系统（GPS）和一组传感器的智能手机和平板电脑的普及加速了位基服务的使用。根据皮尤研究中心的数据，74% 的成人智能手机用户使用位基服务获得方向和其他信息。此外，许多领先的社交媒体应用程序，包括 Facebook 和 Instagram，不断鼓励用户加入他们的位置信息。皮尤研究中心的报告说，30% 的成人社交媒体用户选择在这些网站上发帖时自动显示其位置。[240]

除了能在地图上标出有效的旅游路线和增强社交媒体的互动性外，利用位基服务在博物馆行业进行创新的时机也已经成熟了。越来越多的人会随身携带自己的设备，[241] LBS 支持的移动应用程序可以丰富博物馆参观者的体验，因为可以根据参观者以前的参观情况了解到他们或许会感兴趣的特定实物、馆藏品或展品，并据此提供相关的建议。如果加上对参观者习惯和活动的分析，位基服务就能帮助形成所发布定制内容的方法。此项技术的未来不仅在于辨别个体所在的位置，还在于要在参观者还没有询问之前就向他们提供有用的信息。

2013 年，苹果公司收购了两个专门从事室内 GPS 的智能定位公司，即之前的 Locationary 公司[242]和 WiFiSLAM 公司，[243]这标志着位基服务这一技术的发展新方向。一些专家预测，强大的室内 GPS 技术很快就会被集成到一个微芯片上，使它很容易安装到日常物品上，包括钥匙。[244]美国军方目前正在研发的微型定位导航与计时技术（Micro-PNT）只需要很少的电力就能感知到方位。此外，谷歌公司为谷歌地图计划收集了如伦敦温布利球场等地方的室内地图。[245]这些技术对大型博物馆产生了重大影响，并迎来了《新闻周刊》称之为“个性化导航的最后边界。”[246]位基服务是要能够帮助人们更好地了解他们的环境，甚至是要人们在全面绘制整个世界地图的活动中贡献自己的测量结果。博物馆的讲解员长期以来一直使用手持设备和资料站来加强对参观者游览的指导，LBS 可以进一步加强对参观者如何参观展览进行的指导。

与博物馆教育和解说的关联性

许多博物馆对待携带自己移动设备的参观者的方法是在博物馆的整个公共空间向他们提供免费的无线上网服务，并利用 Wi-Fi 三角测量法提供个性化的位基服务。例如，史密森学会的“旅游”应用程序为参观者提供了前往五个博物馆的逐个参观提示导航，并包含了一个免费的展示了所有馆藏物品包括总统器物的特殊旅游。[247]与此类似，名为“蒙特利尔博物馆”的 iPhone 应用程序使用 LBS 来调整提供给参观者的内容和建议，包括确定附近的展品和相关活动等。[248]不过，智能手机并不是博物馆为了更好地连接参观者和展品而采用的唯一方式。在 LBS 技术的使用初期，柏林犹太人博物馆将含有射频识别（RFID）标签的勺子作为门票发给人们，将此射频标签作为个性化信息系统的一部分。这些勺子帮助引导参观者前往整个博物馆内不同的媒体站，因为安装有 RFID 阅读器，所以参观者可以访问隐藏的在线信息并更多地了解有文化意义的物品。[249]

对于博物馆而言，下一波的 LBS 技术正在扩大室内导航的可能性。加拿大维多利亚皇家不列颠诗博物馆是最早采用先进的室内GPS技术的机构之一，该馆最初使用Wifarer的移动应用平台来改善带有位置感知指南的展览。展出物品在虚拟地图上显示为图标，参观者向这些物品靠近就会触发有关每件物品的额外语境信息。[250] 2015年，Wifarer推出了“蓝点”导航；皇家不列颠诗博物馆部署并采用了多个蓝牙LE信标和射频指纹识别技术，从而能够对智能手机和平板电脑进行更精确的和不为人所知的室内定位。[251] Facebook也在纽约的大都会艺术博物馆测试根据位置提供建议的蓝牙信标的使用。[252] 荷兰LabWerk公司新开发的mApp平台是专门为吸引参观者进行个性化的博物馆游览而设计的。[253]

虽然很多位基服务项目和试点项目现在都正在进行中，但将这个主题归入中期采用的技术范畴，主要是因为需要根据适当的技术对旧建筑进行改造翻新。成功的技术实施需要博物馆对自身的实体和技术基础设施进行升级。希腊雅典的研究人员发表了一篇论文，概述了博物馆部署室内GPS技术需要考虑的建筑和技术设计方面的问题。[254] 他们所采用的建筑框架是通过“电子博物馆指导系统”进行原型设计的。他们给博物馆所提的建议中有一条是博物馆需要预测参观者从一件物品到另一件物品所能采用的各种路径，这样就能够电子绘制出每条潜在路线了。

位基服务的实践案例

下面的链接提供了对博物馆有直接影响的位基服务的应用实例：

PanGo接近平台推动利用泰特现代美术馆无线网络进行的位基导游

go.nmc.org/pango

泰特现代美术馆与PanGo网络和爱天纳音频（Antenna Audio）合作创建了使用短程无线网络的博物馆无线解说应用程序，根据参观者在馆内的位置及其兴趣所在向他们提供交互式视听内容。该数据还能使泰特现代美术馆了解参观者在参观博物馆时哪些区域最吸引他们以及他们需要哪些区域展品的更多信息，从而对该馆的展览和政策进行完善。> 政策

麻省理工学院“局部变暖”的展品预演了节能个性化气候控制的未来

go.nmc.org/localwarm

维也纳建筑双年展上展示了由麻省理工学院无线网络和移动计算中心开发的一个被称为“局部变暖”的艺术装置。这一技术使用了基于无线网络的运动跟踪来跟踪人们在室内空间的运动，将一个人的坐标数据发送到安装在天花板上的一组红外辐射灯和附带的光学元件后，这些灯和元件就会针对此人局部发送光热。> 领导力

扩展阅读

下面的文章和资源推荐给那些想要更多了解“位基服务”这一主题的人们：

如何运用技术去提升博物馆的参观价值

go.nmc.org/increase

（大卫·莫拉莱斯，XStudios，2014 年 9 月 29 日）RFID 和 iBeacon 是两种定位技术，既可以将博物馆内参观者的独特体验个性化，也能让博物馆看到博物馆的参观者在观赏的物品及观赏的时长。和很多网站跟踪网站用户的方式相同，这些数据收集可以匿名进行，不会记录任何个人信息。> 政策

蓝牙的蓝色时期：新旧艺术博物馆的展馆应用程序融合了艺术和科技

go.nmc.org/fuse

（克莱尔·赖利，*CNet*，2014 年 12 月 22 日）澳大利亚新旧艺术博物馆的应用程序使得该馆可以舍弃展馆墙上具有干扰性且只能对每件物品提供有限描述的标签了。博物馆提供的安装有其应用程序“O”的 iPod 触摸屏可向每位参观者提供根据参观者在馆内的位置移动而不断变化的、按照距离远近排列的藏品列表。> 领导力

iBeacons 和个性化的博物馆

go.nmc.org/ibeac

（珍妮·福特，*Musings*，2015 年 1 月 27 日）iBeacons 和斯伯茨应用程序（Spotzen）一起使用可以在参观博物馆的人靠近具体藏品和展品时向参观者发送相关的音频、图片、文本和更多相关资料。这款应用程序也可以根据用户的兴趣和经历绘制个性化参观路线，使参观者能够充分欣赏他们最喜欢的作品。> 实践

创客空间

预期投入应用时间：两到三年

进入 21 世纪预示着在迅速发展的世界具有真正应用价值的技能组合类型将发生改变。在这种情况下，随着机器人、3D 打印机和基于网络的 3D 建模程序等工具为越来越多的人所使用，创意、设计和工程技术正在成为教育考虑中最前沿的问题。创客空间日益被看作是吸引学习者通过动手设计、构建和重复对高阶问题进行创造性解决的方法。[255] 创客空间背后的驱动力源于创客运动，该运动拥有一批由艺术家、技术爱好者、工程师、建筑师、修补匠和其他喜爱动手制造东西的任何人组成的追随者。[256] 制造者运动形成的基础是 2006 年举办的创客集会的成功，自那以后，该运动经过不断宣传已经成为世界各地都在举办的由社区推动的活动了。[257] 博物馆领导人正在考虑进行博物馆楼层平面图规划时将创客空间纳入规划，从而开辟一块指定区域供参观者们实践自己的想法和更深入地理解艺术概念和媒体。

概述

创客空间，也称为黑客空间、黑客实验室或制造实验室，是技术爱好者定期聚会分享和探讨电子硬件、生产工具及编程技术和技巧的社区型工作坊。[258] 很多关于这种文化趋势的宣传炒作都是围绕 3D MakerBot 打印机这一快速成型的技术蓬勃展开的。这种技术需要以自己动手做（DIY）的心态对物件进行组装、操作和复制。[259] 创客空间常见的工具包括激光切割机、焊接烙铁、Arduinos 和树莓派电脑、电路小工具及模拟工具，如乐高玩具和缝纫设备。创客空间对两用群体（dual-use groups）具有吸引力，例如在“印象 5 科学中心”，成人社区成员以及年轻的参观者都可以参与和他们年龄相符的独立创造。[260] 像正式的教育机构一样，博物馆也在顺应这种亲自动手真正体验学习的趋势，越来越多的博物馆开始为文化遗产规划进行创客空间的调整。

公众对创客空间普遍怀有的热情使自己制造这个概念对社会主流产生了吸引力。“创客媒体”的首席执行官兼《创客杂志》的编辑和创客集会的开创者戴尔·多尔蒂是倡导在学习环境中设置创客空间的主力，并帮助将创客空间这个主题纳入了关于创新教育方法的全国讨论。最近，白宫首次举办了创客集会，奥巴马总统在集会上公开强调了 DIY 具有彻底改变美国制造业、激发创新和促进就业增长的力量。[261] 奥巴马政府承诺向学生提供更多的工具、导师和空间，该承诺带来了 100 万美元的战略投资，用于支持图书馆和博物馆的创客空间及与创客相关的规划。此外，博物馆和图书馆服务研究院（IMLS）将根据 50 多家创新型博物馆和图书馆对创客空间的评估去创建一个名为 Maker@Your Museum and Library 的工具箱。[262]

因为能够促进经验学习，所以创客空间多年来一直是科学博物馆的一部分；探索馆的巧匠工作室（Tinkering Studio）是一个著名的创造性空间，在这里博物馆的参观者通过动手制作活动可以深入参与科学现象的调查。[263] 然而，对于艺术博物馆而言，数字制造仍然是有待探索的未知领域。[264] 虽然艺术创造活动一直是艺术博物馆教育计划的一部分，但激发受众对基于技术的创客计划产生兴趣的是 3D 扫描和快速成型等数字工具的引入。在澳大利亚维多利亚博物馆，博物馆教育工作者用一个名为“智能吧”（SmartBar）的临时创客空间进行试验，在这里人们可以扫描该馆收藏的海洋无脊椎动物的标本并在现场对这些标本进行 3D 打印。[265] 新近出现的研究旨在确认能够促进博物馆创客空间发展所需的能力类型，此研究将会在未来几年推动创客空间更为广泛的采用。[266]

与博物馆教育和解说的关联性

博物馆正在利用创客空间为参观者和艺术家提供一个和他们所在社区融合的进行尝试和动手实践的空间。大都会艺术博物馆的媒体实验室是一个建立时间较长的创客空间社区之一，旨在探索新兴技术影响受众参观博物馆体验的方式。有两个主要趋势正在加速创客空间的采用：数字化生产工具变得容易获得，如 Garage Band、iMovie 和 123D Catch；及自己动手做（DIY）这一潮流在黑客和创客社群的兴起。[267] 最近，大都会艺术博物馆一直在举办 3D “开心日聚会”，教参观者 3D 扫描、建模和印刷技术。在雕塑家杰夫·赫瑟最近举办的一次研讨会上，人们对大都会艺术博物馆收藏的雕塑进行了扫描，这次研讨会的重要成果就是参与者比以前更仔细地研究了艺术品。[268]

创客活动中完成的产品也丰富了网络社群，扩大了博物馆收藏品影响力所覆盖的地理范围。在线发布和共享 3D 内容的平台——Sketchfab——允许用户根据《知识共享协议》对他们的文件进行下载。大英博物馆是第一个使用该平台开放其馆藏品3D模型的博物馆，该馆开放并可供下载的14件各种雕像作品中有尤利乌斯·恺撒的半身像和一个红色花岗岩石棺。[269] MakerBot Thingiverse是另外一个正在被博物馆界使用的可进行发现、制作、和分享可3D打印物品的在线社群。[270] 最近对术语“博物馆”进行搜索，结果显示有2152条搜索结果都带有来自世界各地博物馆的3D模型，包括亚洲艺术博物馆、皇家安大略博物馆和维多利亚博物馆等众多博物馆。[271]

围绕面对挑战时的“勇气”或毅力的重要性进行的研究也有助于证明将创客空间融入博物馆的合理性。创客空间被视为是年轻人可以做项目、解决问题并重复修改其作品直到他们自己感到满意为止的一个专门场所。在匹兹堡儿童博物馆的MAKESHOP，年轻人能够尝试新事物而不会有会收到较坏评分的压力，那里的氛围就是人人都在不断失败和专注于如何从错误中学习。试验和勇气也是纽约科技馆10个学习实验室的重点。在这些创客空间，青少年使用3D打印机为社区问题创建解决方案，包括3D打印的可以使购物车更方便老人使用的购物车轮。[272] 虽然快速原型制作已成为创客空间的一个关键元素，但它只是许多正在展开的试验类型之一。在皮博迪-埃塞克斯博物馆的创客休息室（Maker Lounge），他们已经将其创客空间改变成为一个设计过程实验室。在这里，观众和博物馆员工共同调研可穿戴技术的潜在用途。[273]

创客空间的实践案例

下面的链接提供了对博物馆有直接影响的创客空间的应用实例：

儿童创造力博物馆2015年创客团队

go.nmc.org/ccm

儿童创造力博物馆（CCM）的编程、讲解和展览空间都注重引导孩子们远离被动媒体消费，使孩子们能够自己去探索、创造和生产。CCM今年将举办“创客团队成员”活动，培训CCM团队如何将各种教育技术，如MaKey MaKey、Wonder Workshop的Dash & Dot机器人和Scratch/Tynker与诸如绘画和雕塑等其他艺术实践，如绘画和雕塑等结合起来。> 政策

WebWise公司帮助图书馆和博物馆建立有特色的创客空间

go.nmc.org/webwise

Webwise公司在去年由博物馆和图书馆服务研究院（IMLS）高级项目官员蒂姆·卡里根主持的公司年会上和一个专家小组解决了有关创客空间的政策问题。该专家小组讨论的问题涵盖了专业发展、评估、可持续性和关于创造的体制理念。> 政策

Re: Make

go.nmc.org/remake

Re：Make 项目鼓励参观者和志愿者成为公民策展人、设计师和创客，鼓励他们学习新技能或应用已有技能支持德比丝绸织造厂（世界上第一个工厂的厂址）的重建。博物馆工作人员将社区成员吸纳为合作伙伴，通过策划、原型设计、艺术品解说、藏品准备和受众开发进行重要文化空间的重建。> 领导力

扩展阅读

下面的文章和资源推荐给那些想要更多了解“创客空间”这一主题的人们：

在创作中学习

go.nmc.org/nsf2

（玛丽亚·查利亚，国家科学基金会，2014 年 6 月 17 日）本文描述了国家科学基金会支持的寻求扩大社区成员在创客空间参与范围的一项研究和多个项目。创作是学习的一个关键方面，汇集各种各样的创客将有助于培养造就一支更多元化的劳动力大军。> 政策

纽约市艺术与设计博物馆举办的创客双年展

go.nmc.org/madhouse

（阿拉兹·哈查德乌里安，纽约公共电台新闻，2014 年 6 月 29 日）为了在首个双年展庆祝和展示纽约市创作领域的多样性及创作人才，艺术与设计博物馆汇集了纽约市 5 个区约 100 名艺术家和工匠来展示他们的作品。参加该展览的有当地各种各样的创客，他们的作品讲述了纽约市的迷人故事。> 领导力

自然用户界面

预期投入应用时间：四至五年

越来越多的设备装有自然用户界面（NUIs）来接受各种输入形式，如轻敲、抹擦及其他形式的触碰；手和手臂的动作；身体运动以及日益增多的自然语言。平板电脑和智能手机是最早允许计算机识别和解读作为设备控制方式的自然物理手势的设备。[274]这些NUIs使用户能够用类似他们在现实世界中使用的动作参与虚拟活动，凭直觉操作内容。与电脑自然交互并不新奇，但这个设备的全部潜力尚未得以实现。可以理解手势、面部表情及其之间细微差别的系统的保真度在提高，手势传感技术和语音识别技术的集成也在增多。用户通过手势、表情和传达其意图的语音与其设备进行的交互变得更加自然了。NUIs的下一个发展浪潮是电震动，这涉及使用静电力产生用户可以感知的详细的触觉感受。[275]电震动不仅允许用户提供基于触摸的输入，也允许他们在和屏幕互动时通过多种材质、表面状态和其他特点进行触觉输出。

概述

尽管大规模普及自然用户界面（NUI）要追溯到2007年iPhone手机及其触摸屏的上市，但NUI的概念在当时并不陌生。围绕超越命令行界面和图形用户界面的界面开发的讨论源于20世纪70～80年代，当时被视为可穿戴计算技术之父的史蒂夫·曼恩就开始了人机交互实验。[276]自然用户界面的思想就始于他的研究，随后其他科学家和设计师不断将这一创新应用到新技术中。博物馆空间自然是有利于将NUI大规模纳入展品和藏品中，这使得该主题一直是此前出版的《新媒体联盟地平线报告博物馆版》中的主要话题。

自然用户界面在精确模拟和演示方面的潜在作用，使博物馆对最新的信息可视化应用尤感兴奋，向参观者显示物品是如何被创建的，这是体现此应用的一个典型活动。特斯拉公司的首席执行官伊隆·马斯克最近开发出了和电影《钢铁侠》中如科幻小说般的电脑相类似的3D全息界面。在打印之前，他只用手势演示了火箭的零件模型。[277]马斯克也在迪斯尼研究院[278]率先推出了“特斯拉触摸”技术（TeslaTouch，现称为静电振动），该技术利用触觉刺激改进了对平面的感受，可以让用户感觉到碰撞、曲线和其他纹理。最近，迪斯尼公司的研究人员发明了一种方法，可以刺激参观者对光滑玻璃上陈列的物品做出巧妙的触觉反馈。[279]这项技术提供了很多与博物馆内容深刻互动的可能性，为有残疾的参观者提供了更多的参观机会。应用到移动设备上，电引起的触觉刺激为他们创造了感知博物馆展品的可能性。

语音到语音之间的翻译是NUIs又一个引人注目的方面。现在看到人们通过苹果的Siri或谷歌的Cortana在他们的移动设备上和语音激活的虚拟助理进行互动已经不稀奇了。接下来就是对新技术的使用，如自动翻译引擎；微软公司已经推出了“Skype翻译”的预览版，该程序将对语音输入进行实时翻译，提供超过40种语言的即时信息翻译。[280]这项技术的潜力对博物馆而言是巨大的，因为博物馆是来自其他国家的游客通常会去的景点。文化遗址可从外语的自动翻译中特别受益，因为该技术可以协助传播历史资料，并帮助参观者围绕艺术用同一种语言彼此连通。

与博物馆教育和解说的关联性

自然用户界面令技术透明化；改变了博物馆展示其藏品和展品的方式，以及参观者与博物馆的互动方式。基于手势的技术有移走天鹅绒拦绳并允许观众通过触摸模拟等动作在把玩中体验博物馆藏品的潜力。所以，越来越多的博物馆都在整合NUIs以便在更深层次上吸引他们的参观者。为了运用技术向参观者提供更多的实践体验，德国慕尼黑德意志博物馆正在使用“英特尔实感技术”（Intel RealSense）来开发一个将允许参观者用手势控制Thymio II机器人的展览项目。[281]此外，当史密森尼学会库珀·休伊特国家设计博物馆于2014年12月重新开放时，它在每位参观者进入时向他们提供触摸感应手写笔，用于在遍布整个馆内的大型互动桌子和平面上绘画。[282]

对于展品和永久收藏品而言，多点触控系统和多点触控墙（Multi-touch kiosks and walls）越来越受欢迎。芝加哥科学工业博物馆举办的2014年《THINK展》以12.19米尺长的手势墙为特色，使参观者可以看到各种各样的数据是怎样以太阳能和空气质量的形式在他们的生活中流动。当参观者只是以不同的方式摆动他们的身体与墙互动时，他们就会使墙上出现独特的形状、图像和颜色。[283]此外，美国博物馆联盟宣布了他们2014年“缪斯奖”的冠军和亚军，其中包括因举办“新媒体艺术展”而获奖的中国台湾故宫博物院，他们的展览中使用了手势识别、面部测绘、增强现实和图像识别的技术。[284]

这些类型的NUIs对学习者有深远的影响。[285] 使用多点触摸显示器的孩子们自然可以适应该技术，这加大了对手机和微软Kinect使用的支持。NUIs已经被用来帮助精神和身体上有残疾的儿童进行新概念和技能的学习，使他们更容易通过触摸、语音和其他手势进行沟通和学习。[286] NUIs的这个方面使得该技术对博物馆的残疾观众特别有帮助。例如，巴黎的卢浮宫采用了Kinect技术使参观者能够用手势扫描古文物。参观者可以操纵公元4世纪时的面纱，这使得他们可以探索那些描绘在织物上的不同故事。[287] 美国加州创新技术博物馆举办了融合动作感应创新技术的几个展览。在《太空调色板》这个展览中，参观者可以演奏虚拟的乐器并创造丰富多彩的画面。[288]

自然用户界面的实践案例

下面的链接提供了对博物馆有直接影响的自然用户界面的应用实例：

提升杰作

go.nmc.org/augma

这一研究项目致力于解决为在博物馆环境下进行虚拟和物理交互开发新界面原型的设计挑战，旨在创建一个理论框架、制定现有的和预期的功能、测试用户体验，并创建一个用于提升荷兰国立博物馆参观体验的最终产品。> 政策

能听到和触摸的地图

go.nmc.org/betmaps

一群科学家、建筑师和倡导者正在为盲人寻找新的找路方法，制作了可以通过触摸和声音传递信息的地图。使用live scribe的智能笔，用户可以点击图标来听取更详细的信息，例如门票价格或楼梯通向什么交叉口等。> 领导力

“Mind Art”项目可让残疾人士用他们的大脑创造艺术

go.nmc.org/mindart

中国艺术家熊乔迪（Jody Xiong）联手与涂料供应商温莎·中顿推出了名为“Mind Art”的项目，其中16名身患残疾的志愿者戴着NeuroSky头戴式耳机，该耳机和一个处理单元相连接，允许脑电信号引爆绑在装满涂料的气球上的微小引爆装置。艺术家们能够通过高度集中注意力引爆个人选定的颜料，使其飞溅到空白的画布上。> 领导力

扩展阅读

下面的文章和资源推荐给那些希望更多地了解自然用户界面这一主题的人们：

Atheer 发布新的软件开发工具包，希望成为职场的全息透镜

go.nmc.org/ath

（马克·沙利文，VentureBeat，2015 年 2 月 5 日）Atheer 制作了一个虚拟现实的用户界面称为 AiR（交互式增强现实），它使用一副智能眼镜来探测用户双手的动作。该 Atheer 技术在和智能眼镜相连接的小型 Wi-Fi 设备上运行。 > 实践

利用超声波感觉无形的 3D 形状

go.nmc.org/invis

（埃文·阿克曼，IEEE Spectrum，2014 年 12 月 4 日）利用可以在空气中造成湍流模式的聚焦超声，来自英国布里斯托尔大学的计算机科学家已经能够在半空中生成看不到但可以触摸到的 3D 形状。如果加上虚拟或增强现实的技术，就可以让参观者感觉到通常放在博物馆展柜后的物品，或是在收到触觉反馈时自由探索虚拟世界。 > 实践

未来博物馆将让你“触摸”玻璃展柜内的珍宝

go.nmc.org/treas

（莎拉·格里菲斯，Mail Online，2014 年 10 月 7 日）科学家已经研制出交互式的半透明镜子，使人们能够利用手指的反射“触摸”博物馆中放在玻璃展柜内的展品、显示信息和操纵难以接近的物品。 > 实践

物联网

预期投入应用时间：四至五年

物联网（IoT）是一个通过网络连接物理世界与信息世界的物物相连的网络。当TCP/IPv6在2006年推出后，它拓展了互联网的功能并通过网络使物品、传感器和设备都是可寻址的和可以沟通信息的。[289] 这种扩大的地址空间对自动化尤其有用：在工业和制造业的生产过程中；对敏感设备或物料、销售点采购、护照跟踪、库存管理的跟踪技术以及识别。[290] 嵌入式芯片、传感器或和物品连接的微型处理器可以将该物品的信息，如成本、年限、温度、颜色、压力、湿度等传输到另一个智能设备或机器上。这种网络连接可用于进行远程管理、状态监控、跟踪，并在物品处于被损坏或毁坏危险时发出警报。对文化遗产机构而言，联网技术在加强文物保护、增加背景知识了解和重塑受众与文化作品互动方面拥有巨大的潜力。博物馆领导人预想将来联网的馆藏品会自己讲述他们自己的故事，因为有了物联网，人们就有可能从物品自身上下载历史和元数据，而这将永远改变博物馆解说和公众参与的模式。

概述

在一个世界中不论品牌或供应商如何，所有的人、物和设备都被连接并协调行动，这不再是遥不可及的想象了。这个想法也被称为万物互联网（IoE），它由机器对机器（M2M）、机器对人，和人对人的联网技术组成。在这种环境下，嵌在机器、人和物品上的传感器可以捕获事件，并通过IPv6网络发送给能创建可操作信息的应用程序。许多消费者根据他们对Nest的体验已经熟悉了物联网，Nest是下一代恒温器，能够基于它周围的环境自我编程，并能使用智能手机对它进行控制。[291] 在工业方面，M2M的物联网技术正在被用于铁路、农业设备和工程机械的现代化，使他们具有实时监控能力。[292] 在万物互联网成为现实的世界，许多选择和决定将会自动化，从而使生活和潜在的学习成为一种高效合理的体验。

娱乐技术的一个长期创新者——沃尔特·迪士尼世界使用物联网开发了MagicBand，这是一枚集所有功能于一身从而能够简化度假体验的腕带，游客使用它只需动动手腕就可以打开他们的旅馆房间和购买食品及商品。[293] 利用物联网技术提高游客的体验还远不止这些，可穿戴技术还能监测生命体征，可以自动触发专门针对佩戴者的消息和通知。例如，坐过山车的人如果兴趣减少，则他/她的心率数据会使一条令他/她更激动的景点信息通过他们的移动智能手机发送给他们。[294] 在博物馆领域，这个模式很容易通过个性化服务被用来提高参与度；例如，一个感到疲倦的参观者的生命体征可能会触发一条消息发到他/她的智能手机上，引导向他/她前往附近的庭院休息和享受周围的环境。

目前，对于诸如智能传感器和芯片这些使物联网得以实现的技术，人们已经很了解了，而且他们易于大批量生产，价格便宜。一些博物馆正在将物联网技术融入到他们的展品中。[295] 苹果公司的一项与蓝牙发射器和移动应用程序一起使用的技术——iBeacon——已经成为使用联网的传感器通过参观者的智能设备向参观者发送个性化内容的文化遗产机构的主流技术。[296] 2014年，威尔士国家博物馆成为世界上第一个对物联网进行全面试点的国家博物馆，25个 iBeacon被安置在该馆国家板岩博物馆周围以帮助参观者进行参与。[297] 嵌入式技术使得参观者可以在任何时间访问数字内容和观看展示，或是参观博物馆里的“学习区”，并能通过他们自己的设备参加在线活动和小测验。[298]

与博物馆教育和解说的关联性

物联网使得创建一座没有围墙的博物馆成为可能；也就是说，联网技术可以将文化知识嵌入日常活动中，创造人们可以在任何时间、任何场所、任何地方获得文化知识的这种环境。博物馆领导人将此发展轨迹看作是紧随可穿戴技术发展而来的，这将减少应用程序的使用，使人们直接与周围环境中的物品进行互动。[299] 2014年12月，旧金山德扬博物馆开始提供有史以来的首次在移动叙事平台 GuidiGO 的帮助下使用谷歌智能眼镜进行馆内游览，利用蓝牙 LE 和增强现实技术为参观者创造了改进的体验。该游览围绕凯斯·哈林展览进行安排，佩戴谷歌智能眼镜的参观者在接近某件物品时将能看到自动呈现的相关音频和视频内容。增强现实技术让他们对收藏品有了更深入的了解，并有机会察觉不明显的细节信息。[300]

蓝牙和网络技术的日益普及也为以独特方式吸引参观者参与令其难忘的展览创造了条件。在国际提高地雷意识和协助地雷行动日当天，联合国在纽约市的新当代艺术博物馆安装了一个装置，该装置融合了iBeacon技术和名为“清道夫（Sweeper）”的移动应用程序，可以检测出隐藏的遍及整个展览的发射器。为了让公众知道生活在地雷区的恐惧，偶然碰到发射器的参观者将能通过耳机收听到刺耳的爆炸声，紧随其后的是幸存者的证词。[301] 史密森尼学会库珀·休伊特国家设计博物馆已着手在一个展览中创新使用近场通信（NFC）技术，该展览允许参观者携带联网的光笔，允许他们使用博物馆周围的NFC标签捕捉设计或是进行自己的设计。一旦参观者对自己的创作感到满意了，他们就可以把他们的设计发送到交互式屏幕上，然后继续工作或是通过社交媒体与朋友们分享。[302]

通过传感器，物联网也被用来实时监测绘画和文物的状况。这些设备可以随时提醒人们文物状况的变化，甚至能触发一个装置去改善环境条件，达到保护目的。实际上，环境监测技术已成为文物保护过程中至关重要的一部分，不仅对单个物品如此，对整体建筑结构也是如此。洛杉矶县艺术博物馆（LACMA）正在承担一个对20世纪中期的历史性地标建筑华兹塔（Watts Towers）进行加强保护的项目，该塔是用裹有钢丝网并涂有一层水泥的钢筋建造的。为了保证每一个行动顺利，洛杉矶县艺术博物馆文物保护部在建筑物内安装了一个全面的智能系统，使用安装在地基处及遍及整个建筑的传感器监测水泥裂缝的移动。[303]

物联网的实践案例

下面的链接提供了对博物馆有直接影响的物联网的应用实例：

欧洲数位图书馆在MeSch-Material EncounterS with digital Cultural Heritage项目中使用物联网技术

go.nmc.org/mesch

该项目的目标是提供一个创造有形智能展品的平台，从而让博物馆专业人员无需专业技术知识就能创造交互式智能物品，并能创作将嵌入该物品的叙事故事。> 领导力

用于文物保护的MEMORI技术创新

go.nmc.org/memori

MEMORI是一个早期预警系统，对室内环境退化的主要因素很敏感，包括气候、光和空气污染在内。如果环境对博物馆存储文物有损害，则放射量测定器会通过用户的手持设备提醒他们。该工具可以对环境数据进行现场收集、分析和可视化。> 领导力

通过分布式无线传感支持博物馆管理决策的系统

go.nmc.org/wsn

特伦托大学ELEDIA研究中心正在测试一个带有名为E-MUSEUM开放平台的无线传感器网络（WSN），该网络利用无线传感器网络节点对信息进行无线收集和传输，

可以提供有关博物馆展品和参观者活动的评估和预测信息。> 实践

扩展阅读

下面的文章和资源推荐给那些希望更多地了解物联网这一主题的人们：

美国联邦贸易委员会关于物联网的报告敦促公司采取最佳做法处理消费者隐私和安全风险的问题

go.nmc.org/ftc

（美国联邦贸易委员会，2015 年 1 月 27 日）随着美国人开始从不断增长的由互联网连接的设备中获得好处，联邦贸易委员会的工作人员在这份报告中推荐了一系列企业和组织可以采取的、能够加强和保护消费者隐私及安全的具体措施。> 政策

物联网的隐私管理

go.nmc.org/iotprivacy

（乌斯曼·哈克，《哈佛商业评论》，2015 年 2 月 5 日）物联网会带来很多问题和担忧，他们都和隐私、互操作性及数据访问权限有关，包括人们将如何控制他们设备生成的数据以及什么权限可以访问他们设备生成的数据等。> 政策

注：本书注释请参见英文部分 Endnotes（第 156 页）

新媒体联盟地平线报告
（2015 年博物馆版）专家组成员名单

Larry Johnson
Co-Principal Investigator
New Media Consortium
United States

Nik Honeysett
Co-Principal Investigator
Balboa Park Online Collaborative
United States

Alexander Freeman
Report Editor
New Media Consortium
United States

Samantha Adams Becker
Horizon Project Director
New Media Consortium
United States

Michele Cummins
Research Manager
New Media Consortium
United States

Kaja Antlejr
University of Ljubljana
Slovenia

Jeffrey Aronowitz
Historic Jamestown-Jamestown Rediscovery Project
United States

David Asheim
Guide by Cell
United States

Jane Burton
Tate
United Kingdom

Lori Byrd Phillips
The Children's Museum of Indianapolis
United States

Suse Cairns
Baltimore Museum of Art
United States

Sebastian Chan
Cooper Hewitt，Smithsonian Design Museum
United States

Marc Check
Museum of Science，Boston
United States

Jim Devine
Interpretive Media Limited
United Kingdom

Ryan Dodge
Royal Ontario Museum
Canada

Robin Dowden
Walker Art Center
United States

Jennifer Foley
Cleveland Museum of Art
United States

Ben Garcia
San Diego Museum of Man
United States

David Greenfield
Independent
United States

Beth Harris
Khan Academy
United States

Susan Hazan
The Israel Museum
Israel

Douglas Hegley
Minneapolis Institute of Arts
United States

Amy Heibel
LACMA
United States

Anne Helmreich
Getty Foundation
United States

Luanne Kanzawa
Japanese Friendship Garden Society of San Diego
United States

Lynda Kelly
Australian National Maritime Museum
Australia

Jack Ludden
J.Paul Getty Trust
United States

Alex Morrison
Cogapp，UK
United Kingdom

Liz Neely
Independent
United States

Jen Oleniczak
The Engaging Educator
United States

Joaquin Ortiz
Museum of Photographic Arts
United States

Elizabeth Merritt
AAM
United States

Bill Meyer
Exploratorium
United States

Christopher Reich
IMLS
United States

Carolyn Royston
IIndependent consultant
United Kingdom

Adrianne Russell
Independent
United States

Merete Sanderhoff
Statens Museum for Kunst
Denmark

Scott Sayre
Corning Museum of Glass
United States

Marsha Semmel
Knight Foundation
United States

Charlotte Sexton
MCN
United States

Silvia Singer
MIDE Interactive Museum of Economics
Mexico

Marilyn Sklar
DAR Museum
United States

Koven Smith
Blanton Museum of Art
United States

Paul Sparrow
The Newseum
United States

Margaret Collerd Sternbergh
The Phillips Collection
United States

Sarah Stierch
Berkeley Center for New Media
United States

Neal Stimler
The Metropolitan Museum of Art
United States

Robert Trio
Hong Kong Maritime Museum
Hong Kong

Jasper Visser
Independent
Netherlands

Michael Wall
San Diego Museum of Natural History
United States

Elycia Wallis
Museum Victoria
Australia

John Weber
Institute of the Arts and Sciences，University of California，Santa Cruz
United States

Chad Weinard
Balboa Park Online Collaborative
United States

Heather Marie Wells
Crystal Bridges Museum of American Art
United States

NMC

Horizon Report > 2015 Museum Edition

The *NMC Horizon Report: 2015 Museum Edition*

is a collaboration between The New Media Consortium and Balboa Park Online Collaborative

The research behind the *NMC Horizon Report: 2015 Museum Edition* is jointly conducted by the New Media Consortium (NMC) and Balboa Park Online Collaborative (BPOC). The BPOC's critical participation in the production of this report and their strong support for the NMC Horizon Project is gratefully acknowledged. The Balboa Park Online Collaborative is an award-winning non-profit consultancy originally founded to provide technology support, development, innovation, and strategy for the museums in Balboa Park, San Diego. Its collaborative model has enabled organizations in San Diego to reach a level of technical sophistication on par with cultural institutions with far greater financial resources. With a mission to connect audiences to art, culture, and science, BPOC has expanded to serve cultural institutions outside of the Park, helping them make informed decisions about their implementation, deployment, and use of technology. To learn more about BPOC, visit www.bpcoc.org; to learn more about the NMC, visit www.nmc.org.

ISBN 978-0-9962832-5-0

Citation

Johnson, L., Adams Becker, S., Estrada, V., and Freeman, A. (2015). *NMC Horizon Report: 2015 Museum Edition*. Austin, Texas: The New Media Consortium.

Cover photograph by BigStock Photography

Executive Summary

What is on the five-year horizon for museums? Which trends and technologies will drive changes to museum education and interpretation? What are the challenges that we consider as solvable or difficult to overcome, and how can we strategize effective solutions? These questions and similar inquiries regarding technology adoption and educational change steered the collaborative research and discussions of a body of 54 experts to produce the *NMC Horizon Report: 2015 Museum Edition*, in partnership with the Balboa Park Online Collaborative (BPOC). The *NMC Horizon Report* series charts the five-year horizon for the impact of emerging technologies on education and interpretation in museums across the globe. With more than 13 years of research and publications, it can be regarded as the world's longest-running exploration of emerging technology trends and uptake in education.

The experts agreed on two mid-term trends: increasing the collaboration that takes place between museums, as well as focusing on the power of data analytics to inform museum operations. These are just two of the 18 topics analyzed in the *NMC Horizon Report: 2015 Museum Edition*, indicating the key trends, significant challenges, and important technological developments that are very likely to impact changes in museums across the world over the next five years.

Regarding the challenges for museums, developing digital strategies is considered one of the solvable challenges. It is already being addressed by actions at individual museums. At the Metropolitan Museum of Art, they rethought their organizational strategy to integrate a digital presence more seamlessly into their operations. They created a new digital department, recruited a new chief digital officer, and allocated resources and facilities to advance innovation.[1] On the other hand, the experts identified privacy concerns as a wicked challenge — one that they consider complex to define, let alone solve. Compounding this challenge are the shifting expectations of privacy in light of a rapidly advancing digital world.

With more than 13 years of research and publications, the NMC Horizon Project can be regards as the world's longest-running exploration of emerging technology trends and uptake in education.

In view of the trends and challenges observed, the panel also signalled the technological developments that could support these drivers of innovation and change. Bring Your Own Device (BYOD) and games and gamification are expected to be increasingly adopted by museums in one year's time or less to make use of mobile and online engagement. The time-to-adoption for location-based services and makerspaces are estimated within two to three years, while natural user interfaces and the Internet of Things are expected to be mainstream in museums within four to five years.

The three key sections of this report constitute a reference and straightforward technology-planning guide for a full range of museum professionals, including staff, leaders, board members, and policy-makers. It is our hope that this research will help to inform the choices that institutions are making about technology to improve, support, or extend education and interpretation in museums across the globe. Museum and education leaders worldwide look to the NMC Horizon Project and both its global and regional reports as key strategic technology planning references, and it is for that purpose that the *NMC Horizon Report: 2015 Museum Edition* is presented.

Topics from the NMC Horizon Report > 2015 Museum Edition

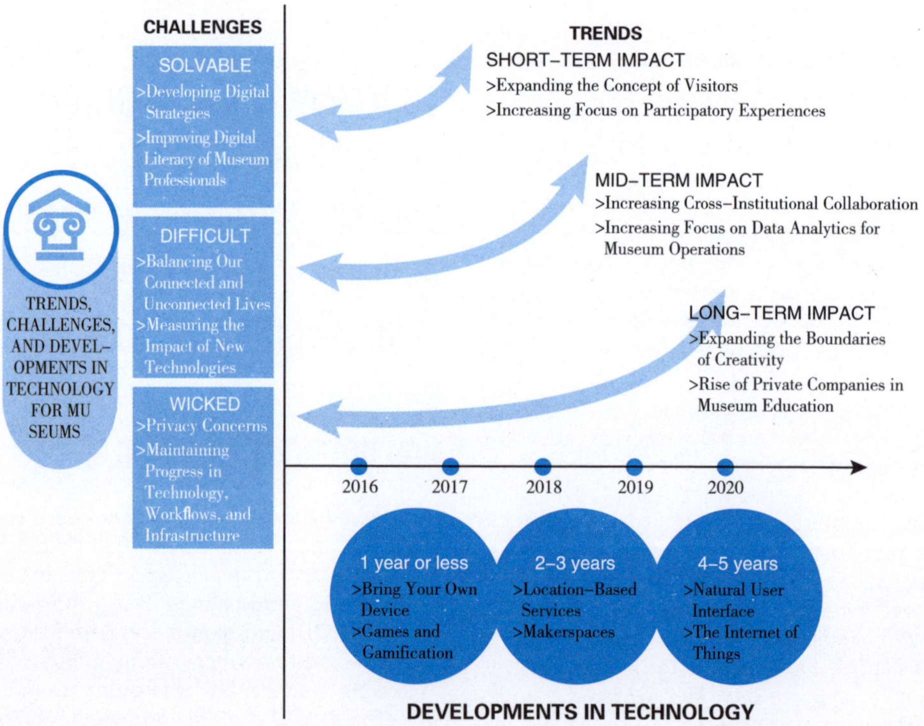

Introduction

In the pages that follow, 18 topics carefully selected by the 2015 Horizon Project Museum Expert Panel related to the educational applications of technology are examined, all of them areas very likely to impact technology planning and decision-making over the next five years (2015-2019). Six key trends, six significant challenges, and six important developments in educational and interpretive technology are placed directly in the context of their likely impact on the core missions of museums, and detailed in succinct, non-technical, and unbiased presentations. Each has been tied to essential questions of relevance, policy, leadership, and practice.

The *NMC Horizon Report: 2015 Museum Edition,* the 5th in the annual museum series of reports, was produced by the NMC in collaboration with the Balboa Park Online Collaborative. The internationally recognized *NMC Horizon Report* series and regional *NMC Technology Outlooks* are part of the NMC Horizon Project, a comprehensive effort established in 2002 by the NMC that identifies and describes emerging technologies likely to have a large impact over the coming five years in education around the globe.

Key trends, challenges, and technological developments that are detailed here will directly inform policy, leadership, and practice at all levels within the museum environment. This report aims to help museums, museum boards, and education leaders to strategically approach the further evolution of museum education and interpretation. Each topic has been carefully researched and framed in the context of its potential impact on global museum education and interpretation.

The report's first two sections focus on an analysis of trends driving technology decision-making and planning, and the challenges likely to impede the adoption of new technologies, respectively. Each includes an explicit discussion of the trend or challenge's implications for policy, leadership, and practice in museums, along with examples and relevant readings.

The third section, in which six important developments in technology are described, is ultimately framed by these trends and challenges. The adoption or abandonment of these technologies by museums will be very much determined by the responses taken across the globe to these drivers of and obstacles to innovation and change.

Each of the four global editions of the *NMC Horizon Report* — higher education, primary and secondary education (K-12), museum, and library — highlights six emerging technologies or practices that are likely to enter mainstream use within their focus sectors over the next five years. Key trends and challenges that will affect current practice over the same period frame these discussions. The discussions of trends and technologies have been organized into three time-related categories; challenges are discussed within a similar three-part framework related to the scope of the challenge.

Key trends, challenges, and technological developments that are detailed here will directly inform policy, leadership, and practice at all levels within the museum environment.

The process used to research and create the *NMC Horizon Report: 2015 Museum Edition* is rooted in the methods used across all the research conducted within the NMC Horizon Project. All editions of the *NMC Horizon Report* are informed by both primary and secondary research. Dozens of meaningful trends, challenges, and emerging technologies are examined for possible inclusion in the report for each edition.

Every report draws on the considerable expertise of an international panel that first considers a broad set of important trends, challenges, and emerging technologies, and then examines each of them in progressively more detail, reducing the set until the final listing of trends, challenges, and technologies is selected. This process takes place online, where it is captured in the NMC Horizon Project wiki. The wiki is intended to be a completely transparent window into the work of the project, one that not only provides a real-time view of the work as it happens, but also contains the entire record of the process for each of the various editions published since 2006. The wiki used for the *NMC Horizon Report: 2015 Museum Edition* can be found at museum.wiki.nmc.org.

The panel was composed of 54 technology experts from 9 countries on five continents this year; their names and affiliations are listed at the end of this report. Despite their diversity of backgrounds and experience, they share a consensus view that each of the profiled technologies will have a significant relevance to museum education and interpretation around the globe over the next five years. The key trends driving interest in their adoption, and the significant challenges museums will need to address if they are to reach their potential, also represent their perspective.

The procedure for selecting the topics in the report is based on a modified Delphi process refined over the now 13 years of producing the *NMC Horizon Report* series, and began with the assembly of the panel. The panel represents a wide range of backgrounds, nationalities, and interests, yet each member brings a relevant expertise. Over the decade of the NMC Horizon Project research, more than 1,500 internationally recognized practitioners and experts have participated on the panels; in any given year, a third of panel members are new, ensuring a flow of fresh perspectives each year. Nominations to serve on the expert panel are encouraged; see go.nmc.org/horizon-nominate.

Once the panel for a particular edition is constituted, their work begins with a systematic review of the literature — press clippings, reports, essays, and other materials — that pertains to emerging technology. Members are provided with an extensive set of background materials when the project begins, and are then asked to comment on them, identify those that seem especially worthwhile, and add to the set. The group discusses existing applications of emerging technology and brainstorms new ones. A key criterion for the inclusion of a topic in this edition is its potential relevance to education and interpretation in museums. A carefully selected set of RSS feeds from hundreds of relevant publications ensures that background resources stay current as the project progresses. They are used to inform the thinking of the participants.

Following the review of the literature, the expert panel engages in the central focus of the research — the research questions that are at the core of the NMC Horizon Project. These questions were designed to elicit a comprehensive listing of interesting technologies, challenges, and trends from the panel:

1 Which of the key technologies catalogued in the NMC Horizon Project Listing will be most important to museum education and interpretation within the next five years?

2 hat key technologies are missing from our list? Consider these related questions:

> What would you list among the established technologies that some museums are using today that arguably all museums should be using broadly to support education and interpretation?

> **What technologies that have a solid user base in consumer, entertainment, or other industries should museums be actively looking for ways to apply?**
> **What are the key emerging technologies you see developing to the point that museums should begin to take notice during the next four to five years?**

3 What trends do you expect to have a significant impact on the ways in which museums approach our core missions of education and interpretation?

4 What do you see as the key challenges related to education and interpretation that museums will face during the next five years?

In the first step of this approach, the responses to the research questions are systematically ranked and placed into adoption horizons by each expert panel member using a multi-vote system that allows members to weight and categorize their selections. These are compiled into a collective ranking, and inevitably, the ones around which there is the most agreement are quickly apparent.

From the comprehensive list of trends, challenges, and technologies originally considered for any report, the group explores the ways in which these topics impact education and interpretation in museums. A significant amount of time is spent researching real and potential applications for each of the topics that would be of interest to practitioners. For every edition, when that work is done, each topic is written up in the format of the *NMC Horizon Report*. With the benefit of the full picture of how the topic will look in the report, the topics in the interim results are then ranked yet again, this time in reverse. The final topics selected by the expert panel are those detailed here in the *NMC Horizon Report: 2015 Museum Edition*.

Key Trends Accelerating Technology Adoption in Museums

The six trends described in the following pages were selected by the project's expert panel in a series of Delphi-based voting cycles, each accompanied by rounds of desktop research, discussions, and further refinements of the topics. These trends, which the members of the expert panel agreed are very likely to drive technology planning and decision-making over the next five years, are sorted into three impact-related categories — short-term impacts that typically have already been impacting decision-making, and will continue to be important for more than five years; mid-term impacts that will likely continue to be a factor in decision-making for the next three to five years; and long-term impacts that are driving technology adoption in museums now, but will likely remain important for only one to two years, becoming commonplace or fading away in that time.

While long-term impacts have already been the topic of many museum education leaders' discussions and extensive research, short-term impacts often do not have an abundance of concrete evidence pointing to their effectiveness and future directions. All of the trends listed here were explored for their implications for museums in a series of online discussions that can be viewed at museum.wiki.nmc.org/Trends.

The NMC Horizon Project model derived three meta-dimensions that were used to focus the discussions of each trend and challenge: policy, leadership, and practice. Policy, in this context, refers to the formal laws, regulations, rules, and guidelines that govern museums; leadership is the product of experts' visions of the future of learning, based on research and deep consideration; and practice is where new ideas take action, in museums and related settings.

Policy. While all of the identified trends had policy implications, two trends in particular are expected to have a strong impact on policy decisions in the next five years. Data analytics has emerged as a major topic of interest to national governments and museums, as strategic funding decisions often hinge on quantifying activity. The ENUMERATE project is conducting an analysis of statistical data about digitization and digital preservation across Europe to determine needs within the area.[2]

Likewise, the movement towards more participatory experiences, currently on the rise in museums, will reach its maximum impact in the next one to two years, calling for the development of more institutional policies. "Museum Selfie Day," held in museums across the globe, generated much debate about to what extent photography should be allowed in the museums.[3]

While long-term impacts have already been the topic of many museum education leaders' discussions and extensive research, short-term impacts often do not have an abundance of concrete evidence pointing to

their effectiveness and future directions.

Leadership. There are leadership implications for all the identified trends that are discussed in the following pages, but two trends stand out as unique opportunities for vision and leadership. Advancing linked open data initiatives requires museum professionals to form cross-institutional collaborations to share best practices and standards. Linked Open Data in Libraries Archives and Museums (LODLAM) is a hub for the sharing of semantic applications across the field.[4]

A short-term trend that is being emphasized in leadership discussions is how museums can better engage with online visitors. This movement reflects the growing notion that museums can develop programs and strategies that appeal to virtual patrons. Crystal Bridges Museum of American Art has emerged as a leader in the field, having created a distance-learning program that is available to every high school student across Arkansas.[5]

Practice. Each of the six trends identified by the expert panel has numerous implications for museum education and interpretation, and current examples are easy to find. The expansion of creativity, highlighted as one of two developing long-term trends in the following pages, is materializing in new types of artistic output. Artist Laurie Frick, for example, connects the quantified self with data visualization to create colorful abstract sculptures and drawings.[6]
All over the world, private companies are developing educational programs that augment and supplement traditional museum education programs. The idea is to offer programs that may not be funded through a museum's operating budget. The Ontario Science Centre has partnered with Cisco Systems to provide advanced network technologies, as well as fund a Cisco Science Fellowship, which facilitates the exchange of research and best practices.[7]

The following pages provide a discussion of each of the trends highlighted by this year's expert panel that includes an overview of the trend, its implications, and a set of curated recommendations for further reading on the topic.

Expanding the Boundaries of Creativity

Long-Term Impact: Driving Ed Tech adoption in museums for five or more years

Museums have long been considered beacons of creative expression within their communities. According to the American Alliance of Museum's "Trends and Potential Futures Report," museums "play a vital role in nurturing, documenting, organizing, interpreting and making accessible the new realm of creative output."[8] Emerging technologies have added new dimensions to what artists are capable of creating, in addition to making possible innovative ways for museums to display their work. Using lasers like paint brushes to generate digital strokes and programming robots to interact with patrons are just a couple examples of how the definition of art has expanded, moving far beyond traditional techniques.[9] As such, age-old perspectives of the artist as a drawer, painter, or sculptor have broadened vastly, and technology has unleashed seemingly limitless possibilities for different types of talents to enter the field. Museums are uniquely suited to maximize the emotional impact of these creative works by configuring custom, technology-enhanced spaces to enhance and personalize the visitor experience.

Overview

As the landscape of technology evolves, people have come to expect the places they frequent to keep pace. Over the last few years, museums have become more mobile-friendly and more integrated with patrons' favorite apps and social networks.[10] Guided by the core value of creativity, leveraging emerging tools has enabled museums to foster more interactive experiences — a trend that only continues to grow in importance. The director of University of Southern California's International Museum Institute and Fisher Museum of Art asserted, "the adoption of creativity and experimentation as an ongoing value implies the acceptance of constant vision and re-vision as standard rather than exceptional behavior." There are two converging dimensions of this trend: the natural evolution of the artist profession as new tools and technologies become available, and the desire for museums to continuously engage their patrons on a deeper level through interactive features.

The former component reflects a larger movement in society where technology is more ingrained in formal education. The Art Institute, for example, is among many education institutions to offer an entire program devoted to media arts, which includes specializations in game design and programming, animation, and digital film.[11] Whether formally or informally trained, more artists who may not be painters or sculptors in the conventional sense are using technology to create works that resonate deeply with people. In the Netherlands, artists Job, Joris, and Marieke used an Ultimaker 2 3D printer to squeeze cells from an animation into a single scene that appears as if it is set in motion. The intent is for viewers to feel as if they are inside of a computer world where there is no sense of time. This work is currently being displayed at Amersfoort's Kunsthal Museum.[12]

While artists create stories, museums are tasked with discerning the most provocative way to share them at scale. Moreover, they are often the gatekeepers of artifacts that cannot survive hands-on interactions — and ancient worlds that can never be experienced. As such, museums have been turning to creative tools such as augmented and virtual reality to allow people to experience the objects or the moments in history. The National Museum of Natural History, for example, launched the AR-enabled "Walk Among Dinosaurs" exhibit so that patrons can experience life alongside of Tyrannosaurus Rex and other creatures from the Late Cretaceous period, thanks to motion-tracking.[13] The American Museum of Natural History's "Fly Like a Pterosaur" interactive installation employs similar technology; visitors can flap their "wings" to control an on-screen Pterosaur's movements. The use of this technology has also enhanced learning experiences through simulations. The Smithsonian National Air and Space Museum's 2014 "Interstellar" exhibit featured Oculus Rift, which enabled visitors to explore a spacecraft as a crewmember, feeling weightlessness and seeing different views of the Milky Way.[14]

Implications for Policy, Leadership, or Practice

The concept of creativity may pose challenges to policy-making as it is, by definition, a product of imagination and artistry. However, governments have increasingly recognized the importance of fostering creativity in education and view museums as incubators for breeding more innovation in cultural and learning exchanges. UNESCO's "Museums for Intercultural Dialogue" initiative created an international network of museums that contribute historical and cultural objects to UNESCO's virtual museum with encouragement to build upon collaborative narratives.[15] Because deploying new technologies in museums can be costly, there is a need for governments to continuously and publicly demonstrate support for them. The European Commission's recently published report, "Towards an Integrated Approach to Cultural Heritage for Europe," addresses the value of museums as creative educational forces in the economy, making the case that they should not be overlooked for funding.[16]

Creativity is at the forefront of many leadership discussions as museums continue to push the boundaries of what is possible. The theme for the most recent UK's Museum Computer Group Conference was the future of museums, post-web technology.[17] By brainstorming how emerging consumer devices, such as wearable technology and the quantified self, can potentially be used in museums, there is an opportunity to develop forward-thinking programs and supporting infrastructure. Due to budget constraints, small museums could be easily left behind in the design of creative technology-enabled experiences; fortunately, the Collaborative Arts Triple Helix (CATH) project in the UK is making it possible for these institutions to innovate. CATH convenes academic institutions, technology firms, and small cultural organizations to fund the co-creation of digital prototypes that solve pressing issues for fostering creative exhibits and programs in museums, such as visitor flow and the 3D printing of artifact replicas.[18] Museums are also using technology to increase accessibility. Spain's Prado Museum recently created the first exhibit for the visually-impaired that leverages 3D printing. Aspects of famous paintings from their collections, including their textures, were selected for rapid prototyping.[19]

This trend has materialized in compelling ways in practice, particularly around how art is made. Artist Laurie Frick, for example, tracked her time, sleep, and movements each day for one year; she turned the data into visualizations that reveal organic patterns in behavior, showcasing how data collection through wearable devices can give someone a better sense of their body.[20] At Köllnischer Park in Berlin, Germany, an abstract artwork is changing in appearance every day, with the help of a wall-climbing robot that is programmed to paint. Named "Vertwalker," the robot will even overwrite its own work for the sake of constantly creating something new.[21] Museums are also changing the way they engage with patrons through new devices — shifting creative control to their audiences. Cuseum is a start-up that is leveraging Beacon technology to personalize tours. In pilots conducted at Boston Athenaeum, MIT's List Visual Arts Center, and New York's Neue Galerie, visitors used Cuseum's smartphone app to design their own paths, including stops at artworks bookmarked by their Facebook friends.[22]

For Further Reading

The following resources are recommended for those who wish to learn more about expanding the boundaries of creativity:

How Do You Define Creativity? More than 600 People Answer that Question in the DAM's New Report (Video)
go.nmc.org/define
(Heather Nielsen, Denver Art Museum, 15 October 2014.) Denver Art Museum leveraged a literature review, three focus group sessions, 38 interviews with visitors, and a survey of more than 600 people in an 18-month investigation to understand how their programs impact visitors' creative lives. ***>Policy***

From Smartphones to Museum Walls
go.nmc.org/fromsma
(Rena Silveran, *The New York Times*, 10 February 2015.) The Columbus Museum of Art in Ohio engaged modern smart device users in a historical movement with its exhibit entitled Mobile Photo Now. The museum crowdsourced images of specific themes via Instagram for a pop-up exhibit, in the same manner that the New York City movement, the Photo League, brought together artists in the 1930s to photograph specific themes to promote social and street photography. ***>Leadership***

New Museum's Incubator Will Help Artists Explore Emerging Technologies
go.nmc.org/newinc
(Rachel Oliner, *PSFK*, 17 March 2014.) The New Museum has developed an incubator called NEW INC to support artists as they experiment with the rapidly expanding landscape of production methods including 3D printing and devices like the Arduino microcontroller and Oculus Rift. Recognizing that more artists and designers are thinking and working entrepreneurially, the collaborative space offers professional development training, a mentorship program, and access to a network of advisors and experts. ***>Leadership***

LACMA's Art and Technology Lab
go.nmc.org/lacm
(LACMA, accessed 4 March 2015.) LACMA's Art and Technology Lab issues an open call to artists working on projects that leverage emerging technologies and provides several grants and in-kind support from technology companies to help develop the prototype projects. The lab also presents demonstrations, works in progress, and workshops for the public. ***>Practice***

Rise of Private Companies in Museum Education

Long-Term Impact: Driving Ed Tech adoption in museums for five or more years

Approaches to museum education have changed with the tide of technology, aligning with the digital paradigms that are continuously shaping museum operation and interpretation. While many museums have enjoyed increased capacity and streamlined processes as a result of this shift, there is much discussion about how to leverage these developments to strengthen educational engagement. In recent years, a number of companies and startups have been working directly with or alongside museums on education-centric goals. This trend is exemplified through Museum Hack, a private company that provides interactive, highly personalized tours of the Metropolitan Museum of Art, taking visitors off of the beaten path and engaging them in alternative interpretations of world famous artworks.[23] Attitudes vary about how third-party involvement can help accomplish the museum's mission; some museum professionals believe that private companies can improve museums by holding up a mirror to their institutions, illuminating areas for improvement. Whatever the case, a range of enterprises and outside efforts from the private sector are increasingly shaping the future of museums with the primary goal of deepening the public's interest in cultural heritage.

Overview

The ever-changing digital landscape has affected the basis for financial decisions regarding human resources, technological infrastructure, and programming, among others in the museum world. Programs focused on education and interpretation are similarly being transformed as technology has introduced new tools for engaging visitors where they are, through their smartphones, apps, and social media networks. A number of museums detailed in this report are updating their overall strategies by restructuring their budgets to fund digital enhancement and its ongoing support. Yet, small and mid-size institutions are often constrained by limited capacity and lack of funds that challenge their ability to deliver on visions of transformational interpretation and robust education programs.[24] This trend is paving the way for more abundant and productive partnerships between museums and for-profit enterprises, which are being established with parallel missions of leading people's discovery and understanding of cultural heritage and art.

Third-party projects that bring cultural discovery to the public are taking place inside and beyond institutional walls. The Ingress app, for example, is a mobile massively multiplayer online game created by a Google startup that encourages players to explore the world and take interest in cultural sites. As a "Capture the Flag"-style game, the player must find clues and points that are hidden in active spots, which are geo-located in historical markers in neighborhoods and cities worldwide.[25] Designed by the creator of Google Earth, John Hanke, Ingress is being played in 200 countries, and has resulted in global in-person meet-ups of gamers in foreign locales with sightseeing, or "portal-capturing," as the primary mission.[26] Onsite, companies such as Museum Hack are offering visitors new opportunities to personally learn about the treasures within the Met, an institution that covers more than 2.3 million square feet and 13 acres of Central Park. From its launch in 2011, the company expanded rapidly to meet the demand for the experience offered by Nick Gray, the founder and CEO, who began by giving these types of tours on his own.[27]

Another dimension of this trend is related to how museums are leveraging educational products offered by outside private companies and embedding them into infrastructure or using them for interpretation. For example, a number of museums have outsourced their need for mobile tours to STQRY (pronounced "story"), a startup that has developed an online storytelling platform targeted to cultural heritage institutions that want to improve opportunities for discovery.[28] Anyone with the STQRY app can find stories of interest from museums in their area, see their operating hours and ticket prices, and get directions to visit in-person. Currently, there 16 museums featured on STQRY's homepage, including the Seattle Art Museum, which features stories about cultural objects from native tribes of the Pacific Northwest within the institution, complete with images, audio clips, and transcripts.[29] Meanwhile, Google has recently announced the release of a museum-specific platform to develop apps that allows museums to use existing services including Street View and YouTube, requiring very little technical knowhow to accomplish.[30]

Implications for Policy, Leadership, or Practice

While this trend may not be apparent in institutional policy, there are efforts at the national level to support the interaction of private companies and museums to help accomplish the common goal of innovation. As part of the European Agenda for Culture, the Open Method of Coordination (OMC) Working Group on Promotion of Creative Partnerships has published a policy handbook that defines creative partnerships and offers real-world case studies to demonstrate what they offer in opportunities to develop personal and professional skills, enhance innovation, and achieve cross-pollination between sectors.[31] Similarly, the Northern Ireland Museums Council (NIMC), a government agency that supports local museums in the region, has developed the Museums and Creative Industries Toolkit, a document that delineates how and why museums should partner with outside companies in order to expand their audiences, increase the use of their collections, and educate the public about the cultural heritage sector.[32]

There are a number of agencies and organizations in the cultural sector that are leading the way by establishing models for how museums can partner with companies from other industries. The current Vice President of Private Sector Initiatives for Americans for the Arts has outlined the need for businesses to support museums, highlighting the success of the pARTnership Movement, an initiative that joined 25 businesses with 25 cultural institutions to demonstrate how creative transfer can help both institutions maintain a competitive advantage.[33] The UK-based charity Nesta partnered with the Arts Council of England and the Arts and Humanities Research Council to form the Digital R&D Fund for the Arts, a program that joins together companies and organizations, and funds ideas that promote new business models or proposes innovative approaches to expanding reach and engagement.[34] Since 2012, the program has funded 52 projects focused on interpreting cultural heritage, and has been making grants of up to £125,000 with plans to allocate a cumulative total of £7million by 2015.[35]

In practice, there are some museums that are augmenting their educational offerings with products a la carte, while others are engaged with private companies on a much deeper level. The Samsung Digital Discovery Centre at the British Museum is one model for how cultural heritage institutions are collaborating with for-profit third parties in a mutually beneficial partnership that enhances museum education. Opened in 2009, the Samsung Digital Discovery Centre hosts free workshops, sessions, and activities for families and schools, and the space is equipped with state-of-the-art digital equipment to facilitate exploration.[36] Moreover, the center has become the hub of a number of in-depth research studies on digital learning used by researchers from all over the world.[37] The

Ontario Science Centre has embarked on a similar partnership with Cisco Systems, which will provide the institution with the latest network technologies and fund the Cisco Science Fellow for Innovative Learning Technologies. The fellowship is the first museum-focused position of its kind supported by Cisco, and it appoints a liaison between the science center and schools to facilitate the exchange of research and best practices of using integrated technologies for learning.[38]

For Further Reading

The following resources are recommended for those who wish to learn more about the rise of private companies in museum education:

Children Who Visit Museums Have Higher Achievement in Reading, Math, and Science
go.nmc.org/achie
(Deanne W. Swan, IMLS, 21 April 2014.) Data from the Early Childhood Longitudinal Study, was used to examine the influence of children's museum visitation during kindergarten on academic achievement later in third grade. Those who have visited museums had higher achievement scores in reading, mathematics, and science than children who did not, proving the important role museums should have in early education. ***>Policy***

Applause for the Education Mission of Museums
go.nmc.org/appla
(John M. Eger, *The Huffington Post*, 18 February 2014.) Museums are transforming education through partnerships like the California Academy of Sciences in San Francisco who joined with the San Francisco Public Library, KQED, and the Bay Area Video Coalition to create a digital learning lab and a regional youth program network to equip young people with the 21st century skills they need in the new economy. ***>Leadership***

A+UP
go.nmc.org/aup
(A+Up, accessed 25 February 2015.) A+UP is a tuition-free, open application middle school in Houston's Museum District that holds classes on-site at a range of Houston's cultural and learning institutions including The Health Museum, The Museum of Fine Arts, The Houston Zoo, The Children's Museum, and The Holocaust Museum. Students use these collections and resources for in-depth, hands-on learning projects. ***>Leadership***

Working with Museums and Galleries to Connect Learning for K-6 Future Teachers
go.nmc.org/teachers
(La Trobe University, 2015.) A partnership between the School of Education of La Trobe University, Melbourne Museum, and the National Gallery of Victoria, and others has developed an accredited online postgraduate teacher education course that showcases how museums and galleries are public learning spaces for everyone. ***>Practice***

Increasing Cross-Institution Collaboration

Mid-Term Impact: Driving Ed Tech adoption in museums for three to five years

Collective action among museums is growing in importance to drive best practices in technology use across the sector. More and more, museums are joining consortia or alliances — associations of two or more organizations[39] — to combine resources or to align themselves strategically with innovative initiatives. Today's global environment is allowing museums to unite across international borders and work toward common goals concerning technology use, and the sharing and co-creation of collections and exhibitions. Support behind technology-enabled learning in museums has reinforced the trend toward museum communities and consortia, as leaders in the space recognize collective action as a sustainable method of supporting upgrades in museums' technological infrastructures and digital offerings. Furthermore, many museums reside on university campuses, affording them greater opportunities to leverage the resources of the universities in addition to their academic libraries.[40]

Overview

The idea of formal partnerships between learning-focused institutions is not new, but the added dimension of joint technology-enabled initiatives is spurring creative collaborations. The root of this trend is reflected in UK's Museum Association's "Museums 2020" initiative, which invited professionals in the field to contribute their ideas online for shaping the future of museums.[41] An overwhelming amount of participants' feedback focused on the need for more collaboration between institutions for sharing expertise and building upon each other's communities.[42] Additionally, a joint study conducted by the University of Toronto and the University of Quebec at Montreal explored the motivations and outcomes of such collaborations. Researchers noted that partnerships between museums correlate with key themes, which include taking advantage of each other's technological developments.[43]

Museums can also look to AAM's "TrendsWatch 2015" report to begin developing standards for working together around common goals in the digital arena, such as generating more open data and incorporating wearable technology in exhibit design.[44] The report provides specific recommendations for how museums can respond to these growing areas of interest. In addition to sharing recommendations and bolstering staff learning, museum partnerships often revolve around solving a major global issue that cannot be alleviated on a large scale by a single institution. The volunteer-based Museum Access Consortium (MAC) in New York consists of 100 cultural institutions from the metropolitan area that advocates for improved accessibility in cultural facilities for patrons with disabilities. MAC convenes members for networking opportunities and museum outings, and has created an online database of exemplary resources and guidelines on accessibility.[45]

An important component of this trend is a spirit of openness. As part of the Google Cultural Institute, the Google Art Project joins together 150 museums from all over the world — including the Australian National Maritime Museum and Museum of the Sakitama Ancient Burial Mounds — with the common goal of making their collections accessible online to anyone, anywhere.[46] Collection objects across different museums and exhibits can be viewed side-by-side, illuminating clearer connections between specific artists and periods of histories. Run by the Open Knowledge Foundation, OpenGLAM is another initiative that convenes galleries, libraries, archives, and museums around the mission of open access to digital cultural heritage works.[47] The network behind OpenGLAM includes the Wikimedia Foundation, The Internet Archive, and Europeana.[48]

Implications for Policy, Leadership, or Practice

Governments have long been concerned with developing policies that stimulate relationships among cultural institutions. The Network of European Museum Organizations (NEMO) is a partnership that facilitates networking opportunities along with the sharing of best practices among museums across the continent, enabling them to collaborate on multilateral and international projects.[49] One of their focuses is disseminating relevant information on EU policy to museums.[50] NEMO makes related policies more accessible for museum staffs, curating critical resources for understanding the impact of cultural policy and developing learning opportunities around them. In terms of policy around technology-focused museum collaborations, there is still much work to be done. Reputable government organizations such as IMLS have emphasized the need for museum spaces that better accommodate people with physical and mental disabilities, setting a precedent for focused collaborations around technology-enhanced accessibility.[51]

Advancing cross-museum collaboration requires leaders to design programs that convene museums around technology-centric purposes. Linked Open Data in Libraries Archives and Museums (LODLAM) is a network of technicians and professionals who are working with linked data in the field. LODLAM's website is a hub for the sharing of resources and collaboration between participants.[52] Frequent face-to-face events are also key to disseminating best practices and shaping the future of museum technology. In 2014, the Metropolitan Museum of Art hosted the inaugural Global Museum Leaders Colloquium (GMLC) in which museum leaders from 14 countries participated in the program "Museums in an Interconnected World." Directors convened in small workshop groups to develop ideas for museum collaboration around harnessing the potential of digital media and tools. Proposals included the creation of new communications channels, joint strategic approaches to emerging technology, and the design of a new single-object exhibition platform.[53]

These collaborations can also have a profound effect on learning, especially when museums are creatively incorporated into formal education. In Fall 2014, students enrolled in the Master's Program in Public History at Carleton University co-developed the Canadian Museum of History's signature gallery, the "Canadian History Hall." During this process, students interacted with the museum's curators and staff, conducted key research, and submitted proposals for exhibition requirements.[54] Cross-institution collaboration can be especially critical for small museums that may have significantly smaller budgets to innovate. The Chattanooga Museums Collaborative, for example, joined together the Creative Discovery Museum, Tennessee Aquarium, and the Hunter Museum of American Art; the Aquarium was able to share their expertise on developing an effective IT network with the other two museums, and both benefited from wide-scale technology improvements.[55]

For Further Reading

The following resources are recommended for those who wish to learn more about increasing cross-institution collaboration:

LEM-The Learning Museum Network Project
go.nmc.org/lem
(LEM, accessed 17 February 2015.) The LEM - Learning Museum Network, funded by the European Commission, is a permanent network of museums and cultural heritage organizations who work to address challenges of the EU 2020 Strategy and actively contribute to lifelong learning. ***>Policy***

The Artstor Digital Library
go.nmc.org/artstor
(Artstor, accessed 4 March 2015.) The Artstor

Digital Library collaborates with museums like Harvard University's Peabody Museum of Archaeology and Ethnology and the Carnegie Institution of Washington to distribute digital images from museum collections in the arts, architecture, humanities, and sciences with an accessible suite of software tools for teaching and research. ***>Leadership***

Museum Momentum

go.nmc.org/univmus

(Ian Wylie, *Times Higher Education*, 13 February 2015.) This article points to growing trends for university museums who are beginning to show their willingness to network and share best practices through national groupings like the Coordination Center for Scientific University Collections (CCSUC) in Germany and the Museum Association of Kyoto, a network of 14 university museums in the Japanese city. ***>Leadership***

Smithsonian Joins Forces with 14 Museums to Pool Data on American Art

go.nmc.org/lod

(Laura C. Mallonee, *Hyperallergic*, 6 February 2015.) The Smithsonian American Art Museum (SAAM) has launched the American Art Collaborative (AAC), a consortium of 14 museums across the country that will connect their collections in a searchable manner through tagging their content with Linked Open Data (LOD). This allows users to find connections and relationships between works, artists, materials, and styles across collections. ***>Leadership***

DigitalNZ

go.nmc.org/dnz

(DigitalNZ, accessed 16 February 2015.) DigitalNZ, based in Wellington at the National Library of New Zealand, has partnered with Te Papa, the Alexander Turnbull Library, Auckland Art Gallery, Te Ara, NZ On Screen and more to aggregate and provide access to more than 27 million digital items from New Zealand heritage collections including photos, posters and memorabilia, newspaper clippings, artworks, and publications. ***>Practice***

Variety the Key to Making Ends Meet for Arts Groups

go.nmc.org/variety

(Millicent Martin Emery, *My SA*, 1 February 2015.) Arts and culture organizations in small communities are often able to better operate through collaboration and partnerships like Richmond Art Museum's annual Art to Heart gala which works in conjunction with Reid Hospital to draw diners interested in supporting both health and art. Shaun Dingwerth, Richmond Art Museum's executive director explains how the museum seeks to include as many partners as possible to make grant proposals more appealing to funders. ***>Practice***

Increasing Focus on Data Analytics for Museum Operations

Mid-Term Impact: Driving Ed Tech adoption in museums for three to five years

Ninety percent of the world's data has been generated in the last two years, and through the exponential growth of hardware, software, and networking, every day we add 2.5 quintillion bytes.[56] In recent years, companies such as Macy's, Netflix, and Wal-Mart have been analyzing data to boost their sales and track customer behavior.[57] Until recently, museums gathered behavioral analysis of visitors primarily through attendance statistics and staff-administered surveys — tools that are now often considered crude and inefficient.[58] Museums are increasingly employing similar strategies as major retailers for analyzing visitor information to generate more revenue and improve the efficiency of their operations in areas such as food service, marketing, retail, development, and program and exhibition design.[59] The benefits are becoming clearer as museums dive into data analytics and begin to learn more about their visitors; these analytics offer more targeted retail and focused information on the collections, as well as a greater understanding of an audience's interests and needs.[60]

Overview

A major shift is occurring in cultural organizations as they begin leveraging new data analysis techniques to inform their operations. From the moment a visitor enters a museum, there are a number of ways that their data is being collected to discern patterns and meanings in their behaviors and interests. A typical museum encounter used to include a guard with a clicker counting the visitors at the entrance, and then visitors paying admission fees and providing their zip code to the person at the front desk. This type of data collection provided very little insight into the visitor experience. Now we are seeing organizations forgo these traditional procedures in exchange for sophisticated digital data collection methods. Indeed, more museums are eliminating their admission and membership fees altogether in favor of strategies that provide free access and incentives in exchange for personal information.

The Dallas Museum of Art's (DMA) Friends program is influencing museums to consider what is more valuable — admission revenue or knowledge of a visitor's behavior. Inspired by airline rewards programs, DMA implemented data analytics to encourage more repeat visitation and strengthen relationships with their patronage. Members receive a card that they use to collect points while engaging in programs or exhibitions – perks range from gift shop discounts to free parking. Since the launch of the program in 2013, the museum has registered over 50,000 new members.[61] While projects like the DMA Friends program are employed at large institutions, smaller organizations are also enjoying the benefits of data analysis. The History Colorado Center's new point-of-sale system was able to provide valuable insights into their visitors' demographics and visitor patterns; they learned that 40% of their visitors were families, a statistic that led to the creation of a new position to develop programming expressly for this audience. Since deploying the strategy, their attendance and memberships have doubled.[62]

Once inside the museum, data analytics are being employed to understand visitors' foot traffic. While much of this work in the past was done through direct staff observations, noninvasive Bluetooth sensors are being used at the Louvre, for example, to analyze the visitation patterns of short-stay patrons (less than one and a half hours) and long-stay visitors (more than six hours). Their recent study disproved an initial hypothesis that short-stay visitors explore fewer of the museums' popular areas due to time constraints.[63] While these innovative projects are showing the potential of data analytics, not every museum or cultural organization has the requisite staffing needed to build their own systems, so it will be important in the coming years for institutions to become educated on the vendors that can provide turnkey solutions.[64]

Implications for Policy, Leadership, or Practice

To guide the creation of museum-related data policy, government entities are employing data analytics to understand the make-up of cultural institutions and the breadth of museum digitization projects. In the United States, the Institute of Museum and Library Services (IMLS), is a federally funded organization that advances innovation, lifelong learning, and cultural and civic engagement through research, policy development, and grant-making.[65] Recently, IMLS has undertaken a massive data research project called the "Museum Universe Data File," to create a list of 35,000 museums and related organizations in the United States — the first ever of its kind.[66] This large-scale analysis will enable IMLS to better serve the museum community. In Europe, the European Commission-funded ENUMERATE project is creating a baseline of statistical data about digitization and digital preservation initiatives in cultural organizations across the continent. A consortium of ten European-wide partners is developing a consistent set of evidence for guiding digitization funding decisions.[67]

The success of the aforementioned DMA Friends program at encouraging deeper engagement and repeat visitation has positioned the museum as a leader in the field. Their audience engagement initiative was awarded a National Leadership Grant to support the expansion of their platform to three partners: the Denver Art Museum, Los Angeles County Museum of Art, and Minneapolis Institute of Arts. The museums will undergo a year of research to establish a dataset about the program's strengths and weaknesses, with the goal of determining what activities and tools could be scaled across the field.[68] To support the growing need for data analysts in cultural organizations, university training programs are beginning to emerge, as well. While most big data projects have focused on economics or healthcare data, the City University of New York's (CUNY) Graduate Center is opening the Center for Digital Scholarship and Data Visualization for training museum professionals. CUNY will work with datasets provided by partnering organizations such as the Museum of Modern Art, New York Public Library, and Brooklyn Historical Society.[69]

Experimentation with data analytics in museums is growing in size and type, from dashboards that visualize datasets and measure performance at the Indianapolis Museum of Art[70] and Cleveland Museum of Art[71] to point-of-sale software that predicts what a customer of a gift shop will likely purchase on their next visit, as they are doing at the Norman Rockwell Museum.[72] Indeed, predictive analytics can have a substantial impact on how weather conditions can guide daily staffing decisions at a sculpture garden or zoo. The Point Defiance Zoo & Aquarium combines real-time weather data from the National Oceanic and Atmospheric Administration, ticket sales, mobile check-ins, and past attendance data to understand and adapt to fluctuations in attendance.[73] On the other side of the globe, mobile app tour analytics are being used at the Museum of Old and New Art in Australia to provide daily reports on the number of visitors, how many works were viewed, which were the most visited collection objects, and how long a visitor remained in front of an object.[74] As these experiments mature, it is argued that the next phase of data analytics should include sharing insight through linked big data across a network of museums. The insights derived from this sharing of information could prove extremely beneficial to small museums with limited budgets.[75]

For Further Reading

The following resources are recommended for those who wish to learn more about increasing focus on data analytics for museum operations:

Cultural Data Project
go.nmc.org/cdp
(Cultural Data, accessed 16 February 2015.) The Cultural Data Project is the emerging national standard for data collection in the arts and cultural sector. It provides a user-friendly online management tool designed to strengthen organizations by lessening the burden of preparing grant application materials and simplifying report-generation so museums can make an effective case to donors and policymakers for their support. ***>Policy***

Mobile Sensing, BYOD and Big Data Analytics: New Technologies for Audience Research in Museums
go.nmc.org/mobsen
(Theano Moussouri, George Roussos, *Participations*, May 2014.) This paper uses case studies to discuss methods of indoor visitor tracking, recommending ways to address the methodological, ethical, and practical challenges emerging from the use of these technologies. ***>Policy***

The Nelson-Atkins Museum Gears Up For Big Data To Shape Visitor Experiences
go.nmc.org/shape
(Laura Spencer, *KCUR*, 5 February 2015.) This interview with Julián Zugazagoitia, the director and CEO of the Nelson-Atkins Museum of Art, delves into how tracking the way visitors interact with art can help museums understand how to create better experiences for each visitor. ***>Leadership***

Art Traffic at the Louvre
go.nmc.org/artraff
(Art Traffic at the Louvre, accessed 16 February 2015.) The MIT Senseable City Lab worked with The Louvre Museum to deploy seven Bluetooth sensors with sufficient coverage to measure visiting sequences and duration at key representative locations in the museum so that they could use the data to better understand visitor behavior and experience. ***>Leadership***

The Arts and Culture Sector Must Think About Data ... but Differently
go.nmc.org/diff
(Abhay Adhikari, *The Guardian*, 28 March 2014.) Technologies that collect data present an opportunity for museums to open up their findings and create evidence-based stories that can highlight their scale and impact. ***>Practice***

Expanding the Concept of Visitors

Short-Term Impact: Driving Ed Tech adoption in museums for the next one to two years

The dichotomy between the onsite and virtual museum visitor is blurring rapidly, and both audiences have high expectations for accessing services and information online. Visitors who are unable to visit a museum in person are now able to experience its collections and respond and contribute meaningfully to conversations about exhibitions and programming occurring in the physical space, redefining what it means to be a museum patron. Through emerging digital tools, museums are now able to develop long-term relationships with visitors that extend beyond the walls of the museum and the duration of an exhibition.[76] Acknowledging the needs of a global audience is also important in helping to keep museums relevant. Museum website traffic has quickly outpaced physical museum attendance. According to the Council of Australasian Museum Directors, 70% of the 51 million visits in the 2013-14 financial year were online.[77] This statistic underscores a major shift in how museums think about their patrons.

Overview

The changing habits of museum audiences since the recession and rise of the digital age have contributed to a shift in the way museums view the concept of a museum visit. Recent trend reports by the National Endowment for the Arts have revealed a steady decline in experiencing art in person over the past two decades. One of their latest surveys of public participation in the arts shows that nearly 75% of Americans used electronic devices to view or listen to art while just 33.4% attended one of seven art events the same year.[78] With the introduction of new technologies, leaders in the field are questioning what defines a place during a museum visit. Social media platforms such as Twitter and Facebook, along with websites, are now being seen as surrogates for a physical museum experience.[79]

As museum websites and social media feeds create new kinds of spaces for connecting with patrons, some museums are expanding their geographical focus to deliver cultural experiences to audiences around the world. The Metropolitan Museum of Art created international social media accounts, such as Weibo in China, to engage with growing global audiences. They report that around 60 posts on Weibo have been viewed nearly three million times.[80] Indeed, museums in Europe are also leveraging social networks to see dramatic gains in viewership and engagement. The National Gallery of Denmark increased their Instagram reach by 2,500 percent between July and August 2014 through a social media strategy that encouraged visitors to share their personal photos of the museum.[81]

Online-only museum experiences are also growing and contributing to greater awareness and interest in museum collections and exhibitions. The Google Cultural Institute counts 500 partners from over 60 countries that have provided online access to more than six million objects and artifacts. The Institute had more than 19 million unique visitors and 200 million page views in one year. Museums are building their relevancy and reputations through this type of online access. After the first seven weeks of launching their online collection on Google Art Project, Hamburg's Archaeological Museum received more than 80,000 views with each user spending about eight minutes on the site.[82] Museums are also increasingly looking to the Internet for online-only exhibitions. The presentation space for the Museum of Modern Art's "Design and Violence" occurred not on their physical campus but on the web.[83]

Implications for Policy, Leadership, or Practice

The impact of decreased museum attendance, especially art museums that saw physical visits fall by 58 million people between 2002 and 2012,[84] has stimulated investments in mobiles that could influence future policy. A consortium of pan-European academic, industrial, and cultural organizations recently banded together to develop the "Cultural-Heritage Experiences through Socio-personal interactions and Storytelling" (CHESS) app, which enables museum visitors to shape their museum experience from anywhere on the continent and beyond. The tool leverages mobiles, augmented reality, and geo-localization to create personal, interactive experiences.[85] Similarly, Bloomberg Connects will provide 17 million dollars in philanthropic funding over the next three years to support mobile technology in museums. The goals of this mobile-app initiative are to expose culture, increase visitation, and expand engagement both onsite and offsite.[86] Both initiatives hope to engage younger tech-savvy generations in particular because their engagement is seen as critical to keeping museums relevant in the future.

Museum leaders are developing new opportunities for online visitors to engage with their organizations when geography is a primary obstacle. Although a digital visit cannot replace the richness of an analog visit, individuals in rural areas often have limited travel opportunities to visit their nearest museum and can benefit through online access to a museum's collection. Crystal Bridges Museum of American Art in Arkansas is one organization building relationships with important student-aged patrons via a statewide, distance-learning program. Through a partnership with Virtual Arkansas, Crystal Bridges has developed semester-long courses for high schools in the state of Arkansas, a state with a high number of students from low socioeconomic and/or rural schools.[87] North Carolina Museum of Art is another museum developing online courses to engage with younger visitors. In collaboration with the North Carolina Virtual Public School, high school students can take courses such as Art of Advertising, Art of Game Design, or Art of Videography.[88]

When museums shutter their doors for renovations or expansions, visiting them is not an option. However, museums are responding with innovative projects that show the potential of online engagement. When the Rijksmuseum in the Netherlands recently underwent a renovation, the museum focused on making over 100,000 high-resolution collection objects available to the public through the Rijkstudio. This open design concept invites online visitors to create their own artworks by downloading images and manipulating them copyright-free.[89] San Francisco Museum of Modern Art's solution to keeping audiences interested during their temporary closure due to expansion is also noteworthy. Along with moving their collections to other Bay Area exhibition spaces, the museum is generating online traffic to their website through a number of projects.

For Further Reading

The following resources are recommended for those who wish to learn more about expanding the concept of visitors:

Using Social Media to Attract New Audiences to the Arts

go.nmc.org/toattract

(Elise Korolev, *UP London*, 2 October 2014.) This post discusses the importance of a strong social media strategy because social media platforms are also forums for visitors to share their experiences with each other and the world. Word of mouth advertising is now amplified through social media, and a "like" on Facebook, comment on Twitter, or photo on Instagram about a visit is a genuine endorsement for a museum that speaks volumes to potential visitors. ***>Policy***

Harvard Art Museums Launch Redesigned and Expanded Website
go.nmc.org/harart
(Harvard Art Museums, 12 November 2014.) Harvardartmuseums.org is intended to be a resource for before, during, and after an in-person or virtual visit. The new site features high-resolution images, information about works in the collections, extensive educational and interpretive tools, and interactive navigation guides; all with responsive design and optimized for viewing on mobile devices. ***>Leadership***

Museums Share Their Best Practices for Reaching Multilingual Audiences
go.nmc.org/lingual
(Rebecca Mir, Guggenheim, 25 April 2014.) As museums are able to virtually reach audiences all over the world, they must seek to connect to visitors who speak a range of languages. This article describes take-aways from an #EduTues chat facilitated by Queens Museum and the Guggenheim which brought together a number of institutions and individuals to discuss how their institutions are meeting linguistic challenges. ***>Leadership***

Museums Should Make Time for Slower Digital Experiences
go.nmc.org/slower
(Danny Birchall, *The Guardian*, 23 January 2015.) Inspired by recent developments in long-form journalism, Wellcome Collection launched a digital exhibit called "Mindcraft," which is an immersive and interactive digital story about madness, murder, and mental healing. The museum wanted to experiment with reaching visitors in unique ways and found digital to be the best way to create a space in which people could spend more time with the collections. ***>Leadership***

Is the Future of Museums Really Online?
go.nmc.org/onlinefuture
(Bob Duggan, *Big Think*, 9 February 2015.) The author pulls findings from two recent reports to frame some impediments to visiting museums and then explains how museums can leverage their digital counterparts to reach those visitors who are unable to physically enter the building. ***>Practice***

Increasing Focus on Participatory Experiences

Short-Term Impact: Driving Ed Tech adoption in museums for the next one to two years

Expectations for civic and social engagement are profoundly changing museums' scope, reach, and relationships. More and more, museums are integrating emerging technologies and approaches such as social media, open content, and crowdsourcing as a means of engaging their communities both internally and externally on a continuum of participation. Museum professionals are embracing innovations that include mobile and network technology, which enable their institutions to provide patrons with more immersive opportunities that integrate visitor knowledge into exhibits and objects. Additionally, there is a need to recognize that niche visitor groups and individuals can provide museums with insights that enrich collections and enhance the interpretive value of an exhibit. Participatory experiences are becoming more valuable, on-site and online, and museums are increasingly seeking out ways to incorporate community contributions.

Overview

The idea of the museum as a participatory institution has advanced with the tide of technology as tools to communicate and share have become more accessible to the general public. As a result, many artists and museum curators are embracing a paradigm shift that requires visitors to actively contribute to installations and exhibitions to create meaning. The participatory museum is both a philosophy and strategy that, while not requiring technology to implement, leverages new modes of communication to make cultural institutions a more relevant, constructive piece of society. The publication of *The Participatory Museum* by Nina Simon in 2010 was a major step to formalizing the movement, which has since gained significant traction with the broader museum community.[90] A freely licensed and shared online book, *The Participatory Museum* puts forth the vision of a cultural institution that is designed with the express purpose of engaging the community, and it includes techniques that encourage visitors to create and connect with each other around art.[91]

The increasing focus on participatory experiences has given rise to innovative approaches for creating and designing content for the cultural space. Crowdsourcing, for example, is a technique that solicits contributions from the community to influence the direction or meaning of a particular project. Many museums use crowdsourcing at the superficial level to organize communities via social media. Their expectation is that word-of-mouth news will boost their reputations and increase attendance levels of certain exhibits. On the other hand, there is a growing sense that participation from the community can enhance museums in a deeper way through establishing a reciprocal dialogue. PR strategies have been adapted by museums that want to build personal connections with their content via social media and public online forums. From a museum expert's perspective, radical trust is the ability to be open, transparent, and communicate personally from an institutional standpoint, which directly empowers online communities to reciprocate that openness and participate in meaningful exchange.[92]

Without a doubt, the ubiquity of smartphones with high-quality cameras and social apps has affected how museums are accommodating visitors who use these devices in the museum space. Social media management has become a high priority because of its catchall ability to tap into what visitors are thinking, how they are engaging with museum-specific content, and why they enjoy certain cultural experiences over others. PR experts working in the museum field are focused on how social media creates a channel for communication — before, during, and after a trip to the museum — which can be a useful tool for customer care.[93] Some museums are taking full advantage of mobile technology and social media to construct their exhibits through visitor participation. The New Museum in Manhattan organized an event in September 2014 called "AUNTSforcamera: BYOC! (Bring Your Own Camera—Where the Audience Controls the Frame)," which encouraged visitors to film 8-second videos of the live performances to be tagged and shared through a social media app designed by one of the artists.[94]

Implications for Policy, Leadership, or Practice

The momentum behind the participatory movement is causing many museum leaders to consider formulating policies that foster digital interaction via smartphones and social media inside museum walls. Invented by museum consultant and blogger, Mar Dixon, the first #MuseumSelfie day took place on January 22, 2014, demonstrating the power of social media outlets to open up access to collections all over the world. In 24 hours, 11,143 people had tweeted their #MuseumSelfie and 5,591 photos had been shared as a result. In a reflection about #MuseumSelfie day, museum leader Lorna Cruikshanks considered how the activity increased visitor engagement around objects as many photos showed recreations and interactions with sculptures and portraits.[95] In Dixon's review of the event, she discussed the unintended effects of #MuseumSelfie day, which generated many political conversations about photography in museums as well as a backlash against selfies in cultural heritage institutions.[96]

Because participatory strategy involves innovative approaches, many projects are breaking ground in experimental territory, which is why it is especially important for museum leaders to evaluate the successes and failures of their projects. At the Museums and the Web 2014 conference, European researchers published their findings about crowdsourcing projects for the cultural institution using two case studies — "Red een Portret" (Save a Portrait) at the Amsterdam City Archives and a photo-tagging project of the Maria Austria Institute on the "Vele Handen" (Many Hands) crowdsourcing platform, to draw thorough conclusions about effective and ineffective models of implementation.[97] Other effective models of participatory practice, such as crowdfunding, are also gaining attention. At the Palazzo Madama in Turin, museum leaders implemented a crowdfunding campaign using social media in order to raise 80,000 Euros that would allow them to purchase an iconic collection of porcelain. In the process, the small museum was able to connect with over 1,500 people, raise 20,000 Euros more than their goal, and successfully make the acquisition. Museum leader Jasper Visser highlighted this particular project as an example of "the museum AD 2014," which is defined by value, community, engagement and co-creation.[98]

The participatory experience in practice can be seen in museums where exhibits are designed for visitors to learn about works of art by doing. At the Center for Creative Connections at the Dallas Museum of Art, for example, coordinators have installed a large worktable in the middle of the gallery where three hands-on activities are cycled on a monthly basis. Intended to engage adults, the museum educators have learned that children are not the only ones who enjoy making and sharing their creations and reflections with others.[99] Some museums are taking advantage of their most dedicated visitors to participate in ongoing, long-term projects. At the Children's Museum of Indianapolis, three families were recruited to participate in the *Playscape 5*, a community blog that catalogs their experiences in the museum over a period of six months. Organized by their unique hashtag, the families were able to contribute to the blog using Instagram, Vine videos, and other social media. Museum leader Lori Byrd Phillips reported that the community-blogging activity fostered authenticity, loyalty, and transparency in the museum environment, and gave the visitors a renewed sense of ownership.[100]

For Further Reading

The following resources are recommended for those who wish to learn more about increasing focus on participatory experiences:

Museums Morph Digitally
go.nmc.org/morph
(Steve Lohr, *The New York Times*, 23 October 2014.) Many museums like the Metropolitan Museum of Art have turned 180 degrees from asking visitors to stow their cellphones to encouraging them to use them while browsing collection objects. Such museum policy changes create an open environment that invites visitors to personalize their experience by exploring and saving content on their devices and sharing with their friends and networks. ***>Policy***

Split Second Exhibit
go.nmc.org/split
(Brooklyn Museum, accessed 9 February 2015.) Split Second was an exhibit at the Brooklyn Museum that invited the museum's online community to participate in an experiment exploring how each viewer's initial reaction to a work of art is affected by what they know, what they are asked, and what they are told about the object in question. The online interaction connected to a physical installation within the museum of Indian paintings from the museum's permanent collection. ***>Leadership***

What Will Museums Be Like in the Future? Short Essay Collection by Museum Leaders and Innovators From Around the World
go.nmc.org/infut
(Museum-iD, accessed 5 February 2015.) Museum-iD invited museum leaders to share their visions for the future of museums. Many of the responses focused on a more participatory museum that serves as a social agent or civic connector making use of co-production in a more democratic manner. ***>Leadership***

Citizen Participation in Science at the Museum of Science in Boston
go.nmc.org/partic
(David Sittenfeld, *Scistarter Blog*, 11 December 2014.) The Museum of Science in Boston invites public collaboration through three citizen science projects: "Firefly Watch," "Planning for Healthier Cities," and its Forum project that includes over 50 citizen forums in which participants consider and make decisions about socio-scientific issues. ***>Practice***

Significant Challenges Impeding Technology Adoption in Museums

The six challenges described on the following pages were selected by the project's expert panel in a series of Delphi-based cycles of discussion, refinement, and voting; the expert panel was in consensus that each is very likely to impede the adoption of one or more new technologies if unresolved. A complete record of the discussions and related materials were captured in the online work site used by the expert panel and archived at museum.wiki.nmc.org/Challenges.

Because not all challenges are of the same scope, the discussions here are sorted into three categories defined by the nature of the challenge. The Horizon Project defines solvable challenges as those that we both understand and know how to solve; difficult challenges are ones that are more or less well-understood but for which solutions remain elusive; and wicked challenges, the most difficult, are categorized as complex to even define, and thus require additional data and insights before solutions will even be possible. Once the list of challenges was identified they were examined through three meta-expressions: their implications for policy, leadership, and practice for museums.

Policy. While all of the identified challenges had policy implications, two specific challenges are driving policy decisions at many museums at the moment. The easiest one to address is creating policies that better advance digital literacy. Governments and museum organizations are already making ample headway. The Institute of Museum and Library Services (IMLS), for example, has convened a Project Team and Taskforce for the development of 21st century common standards for museum staff skill sets — collaboration through technology and understanding how to assess the effectiveness of digital tools are just two of the skills being defined.[101]

A more challenging policy area is that there is a great deal of complexity involving data privacy. International organizations are currently developing policy to ensure privacy protection. Lead by Brazil and Germany, the United Nations is developing a draft resolution titled "Right to Privacy in the Digital Age."[102]

Because not all challenges are of the same scope, the discussions here are sorted into three categories defined by the nature of the challenge.

Leadership. Again, while all the identified challenges have leadership implications that are discussed in the following pages, two pose roadblocks to employing effective visions. There is a major need for museums to develop benchmarks and standards before integrating new technologies, and some museums are already making progress. The Minneapolis Institute of Arts' "Dynamic New Approach" strategy brief, for example, requires that every adopted technology must meet the museum's goals and objectives, such as increasing audience engagement and globalizing efforts.[103]

The maintenance of progress in technology, workflows, and infrastructure is considered by the panel to be a wicked challenge requiring effective leadership. Some organizations are stepping up to develop potential solutions, such as the Digital

Library Federation (DLF) that provides a Cross-Pollinator Fellowship for museum professionals involved in using digital collections and services to bring greater understanding to how cultural heritage institutions operate in a networked environment.[104]

Practice. Each of the six challenges identified by the expert panel presents numerous impediments for advancing museum education and interpretation, but two in particular are presenting unique obstacles. The expert panel perceives the balancing of our connected and unconnected lives to be a difficult challenge. The Frye Art Museum's Mindful Meditation classes, for example, are helping visitors find analog methods for art appreciation such as applying present-moment awareness while exploring collection objects.[105]

The following pages provide a discussion of each of the challenges highlighted by this year's expert panel that includes an overview of the challenge, its implications, and a set of curated recommendations for further reading on the topic.

Developing Digital Strategies

Solvable Challenge: Those that we understand and know how to solve

The ubiquity of technology use in society has impacted how museums develop strategic plans and digital strategies. Such strategies should include hardware, software, and networks, as well as critical tasks like digitization. More importantly, these plans should help museums expand the meaning of digital to include the adoption of digital values such as agility, flexibility, and usability to keep pace with rapidly evolving societal changes that are increasingly inseparable from technology.[106] Digital strategies are more than the development of a website; they should include the multiple channels of technologies that provide unique opportunities for audience engagement.[107] A museum's digital presence today includes not only a website, but also a social media presence, mobile tools and apps, electronic fundraising, and much more. Additionally, it is clear that a museum cannot simply plan a web presence in the same manner as a brochure or catalog; they require the development of new workflows and staffing requirements.

Overview

As mirrors of contemporary society, which is increasingly participatory, networked, and open-source, museums are in the midst of a digital transformation that is impacting almost all areas of a museum's operations.[108] At the center of this challenge is the notion of museums needing to be more aware and responsive to their audiences' evolving behaviors to stay relevant. As a result, they are being urged to shift their attitudes to balance digital infrastructure and digital mindset in equal measure.[109] Leaders in the field believe that digital strategies are not about platforms, but about people; putting platforms first is seen as impeding organizations.[110] Furthermore, museums must create plans that engage two different but connected perspectives: that of the long-term that focuses on flexibility and digital values and that of the short-term that stimulates immediate action.[111]

Museums are digitizing components of their collections to increase access while creating greater audience engagement. A recent report by CSIRO analyzing Australia's galleries, libraries, archives, and museums cautioned that digital innovation is inconsistent and isolated in the continent, and only a few organizations place technology services at their core, rather than as an add-on activity.[112] The report recommends that museums specifically engage in digitization projects to increase relationships, to reach younger audiences, and to create greater interest in museum collections.[113] In the UK, the Natural History Museum is addressing this common refrain by embarking on a plan to digitize 80 million specimens from the museum's collections and provide access through an online data portal.[114]

Research groups and leading museums are exploring focused methods that use technology to create greater connections with visitors. Developed by Jasper Visser and Jim Richardson, the "Digital Engagement Framework" is helping museums think about how to identify their value creation opportunities, using digital means. The framework calls for developing strategies, processes, and technologies to maximize co-created value, that is, when value creation mutually benefits the museum and patron.[115] At the Metropolitan Museum of Art, their comprehensive engagement strategy focuses on three dimensions of interaction: before the visit, which involves the display of as many collection objects as possible online; during the visit, which develops solutions to enrich a visitor's experience; and after the visit, which uses guest-generated data to meet audience expectations and encourage return engagement.[116] Depending on the culture of the museum, developing a standalone digital strategy may be helpful for providing clarity and focus, or reviewing an existing strategic plan may be more appropriate. More importantly, museums need to ensure that digital is woven seamlessly into whatever solution is chosen.[117]

Implications for Policy, Leadership, or Practice

As governments coordinate efforts to develop arts and culture policies, some are focusing on technology initiatives that are impacting museum planning. In Australia, all federal and state arts jurisdictions have developed an Arts Accord, an agreement between federal, state, and territory governments to strengthen support for arts and culture and set principles for ongoing cooperation.[118] One of the areas of focus is on digital, and the Powerhouse Museum is part of a working party that is assessing existing data readiness for sharing and identifying digital engagement innovations across the sector to provide an agreed set of actions to be pursued by the Arts Accord.[119] Similarly, Europeana, part of the Digital Agenda for Europe's 2020 initiative, seeks to further the digitization and networking of museum cultural heritage.[120] In the US, private foundation initiatives such as the Bloomberg Connects program, which provides funding for the development of technology to increase access to cultural institutions and enhance visitor experiences, may lead to greater policy action.[121]

Strong commitment and visionary leadership are required for an organization to understand how to effectively invest in technology initiatives. The Metropolitan Museum of Art recently implemented a plan that revealed several organizational implications that can be helpful to museums looking for guidance. It required the museum to rethink their organizational structure by establishing a digital department; rethinking which vital skills were needed to carry out the strategy by recruiting a new chief digital officer; allocating resources for social media managers, website managers, content teams, and an audio guide team; and, creating facilities dedicated to innovation.[122] Organizational leaders can also turn to an emerging body of research, such as recently published books *Digital Heritage and Culture: Strategy and Implementation* that is helping to establish best practices[123] and *The End of the Beginning: Normativity in the Postdigital Museum* that encourages the evolution of attitudes regarding how digital thinking is applied in museums.[124]

On the implementation level, the Tate Museum in the UK has developed a comprehensive plan that embraces digital activity and skills across their organization. Their approach, called "Digital as a Dimension of Everything," addresses the use of online platforms and channels for providing rich content for visitors, for the creation and nurturing of an arts community, and for maximizing revenue opportunities.[125] Thinking digitally should not fall within one department's scope of work, regardless of organizational structure; museums should move away from a one-off project mentality to a collaborative approach by investing in digital capacity and skill building among core museum staff.[126] The Royal Ontario Museum, for example, has a team of web content producers who help to train staff by holding monthly workshops and one-on-one mentoring sessions.[127]

For Further Reading

The following resources are recommended for those who wish to learn more about developing digital strategies:

An Introduction to Digital Strategies for Museums

go.nmc.org/introstrat

(Jack Ludden, Museums and the Web Asia 2014, 1 October 2014.) This article describes how museum strategies must stem from a goal of balancing cultural preservation with participation in a contemporary, fast-paced world. The three important objectives mentioned that will strengthen a museum's digital presence include managing data well, creating elegant responsive designs, and engaging in online conversations. ***>Policy***

Towards an Integrated Approach to Cultural Heritage for Europe
go.nmc.org/integrated
(European Commission, 22 July 2014.) In line with the objectives of the European Agenda for Culture, this communication presents the EU's approach to cultural heritage across different policy areas and then describes the measures available to strengthen policy cooperation at different levels, citing projects being developed to support new models of cultural heritage governance. It highlights the importance of digitization and e-learning tools that promote online accessibility and wider access. ***>Policy***

eCult Vademecum: A Guide for Museums to Develop a Technology Strategy
go.nmc.org/vadem
(eCult Observatory, accessed 18 February 2014.) The eCultValue project which consists of five partners from museums, technology, and research, with networks all over Europe, has confronted technology developers and cultural heritage institutions to identify opportunities and challenges of technology take-up. This Vademecum is meant to serve as a tool for guiding museums, cultural heritage sites, and collection owners through developing and implementing a technology strategy. ***>Leadership***

Electronic Records Management Start-Up Project
go.nmc.org/elecrecord
(Guggenheim, accessed 18 February 2015.) The Guggenheim Museum Archives received funding for an electronic records start-up project from the National Historical Publications and Records Commission (NHPRC) with which they have created a comprehensive plan to establish and manage an electronic records repository. Their reports detailing the 18-month project are all publicly available. ***>Leadership***

Portland Museum of Art Announces Strategic Vision and Positioning for the Future
go.nmc.org/positioning
(Kristen Levesque, Portland Museum of Art, 1 October 2014.) Portland Museum of Art has announced a strategic vision for its future that will allow digital access to the museum's entire collection for the public and scholars alike. ***>Practice***

Real Transformation Ain't Easy
go.nmc.org/realtra
(Ed Rodley, Thinking about Museums, 18 May 2014.) This post combines key takeaways from the State of Digital Business 2014 report by Forrester and the leaked internal strategy report from the *New York Times* to create a list of questions museums can use in digital transformation initiatives. ***>Practice***

Improving Digital Literacy of Museum Professionals

Solvable Challenge: Those that we understand and know how to solve

With the proliferation of the Internet, mobile devices, and other technologies that are now pervasive, the traditional view of the museum professionals as possessing the ability to develop exhibitions and educate patrons has expanded to encompass the understanding of a variety of digital tools. This recent category of competence is affecting how quickly museums evolve and the skills they expect in new hires. Some thought leaders believe there are not enough official best practices guidelines for technology training for current and pre-service museum staff,[128] and the most progressive examples are taking place outside of their education departments. Professional development around how emerging technologies can be leveraged to further museums' interpretation goals and enhance their visitor experiences is needed at all levels of museum education. This issue is not isolated to museum education departments and is essential to improving technical infrastructure and workflows. Digital literacy needs to be achieved across the board, especially in the context of museum leadership.[129]

Overview

While digital literacy has long been acknowledged as a widespread issue in education,[130] the 2015 Horizon Project Museum Expert Panel recognized it as solvable as it has already been made actionable by many museums and related organizations. The International Committees for Regional Museums and the Training of Personnel observed that tech-savvy has become a prioritized skill. In their report, "Staff and Training in Regional Museums," they noted that museums are aware that they must hire staff with ICT backgrounds in order to reach new markets and deliver new services.[131] Indeed, technology managers and directors are now commonplace positions at museums. A public listing for Senior Manager of Museum Technology at the High Museum of Art in Georgia explicitly states a requirement for "effective advocacy for museum needs in IT steering committees" and the delivery of training to the rest of the staff.[132]

As the need for digital literacy has been continuously acknowledged by museums, museum studies programs at universities are now including in their curriculum Internet copyright law, digital imaging, and scanning technologies.[133] However, current staff without sufficient technology training — and the time or funds to enroll in formal training — face ongoing challenges. Increasingly, organizations such as the Museum Computer Network (MCN) are stepping in to fill professional development gaps. MCN Pro was designed to provide online training around pressing topics including the integration of specific technologies.[134] These virtual workshops connect experts across the MCN community to equip participants with new skills, including better techniques for storing and organizing online assets.[135] Additionally, their special interest groups convene people around technology-focused areas, such as media production and information technology, encouraging ongoing peer-to-peer learning and open dialogues.[136]

While creative training solutions are underway, the addition of visitors in the equation is further compounding the digital literacy challenge. Museum and cultural heritage institution staff need to be well-versed in emerging technology because the latest generation of patrons is already savvy. For example, a study conducted by Pew Research Center found that young adults are increasingly using their mobile devices to manage and record their daily lives — 94% use smartphones to take photos and 68% produce videos.[137] Technology is an inherent part of how they learn, as well as how they experience and create art. Several years ago, high school students who created high-tech projects at the Museum of Science and Industry Chicago's Fab Lab trained the visiting Russian Federal Youth Agency (RFYA) staff on using 3D printing software and equipment so that they could launch similar makerspaces in Russia.[138]

Implications for Policy, Leadership, or Practice

At a governmental level, no specific policies exist yet for the stewardship of technology training for museum staff. However, government organizations, such as the Institute of Museum and Library Services, are recognizing the need to fund museums to develop better digital literacy skills and technical infrastructure. "Sparks! Ignition Grants For Museums" encourage museums to prototype and bolster innovations in the way they operate and in the services they provide.[139] The IMLS Project Team and Task Force also developed 21st century skills definitions to align museums and libraries around common standards for staff skill sets. Definitions include the ability to collaborate with others by leveraging the latest media and technologies, and also understanding how to evaluate the effectiveness of these tools.[140] The American Alliance of Museum's (AAM) Committee on Museum Professional Training has also developed standards and best practices that highlight the need for training curriculum that "reflects and responds to current and emergent needs in museums and their communities, including the challenges of new technologies."[141]

Advancing digital literacy across museum staff requires effective leadership, and often that guidance and incentive is coming from external organizations. AAM's Media & Technology Network consists of museum professionals who are using technology in their field for activities such as media production and database development. They advocate for the effective applications of emerging technologies in museums, frequently hosting events that convene community delegates to discuss ways to innovate digital implementations across various museum roles.[142] Additionally, the Media & Technology Network sponsors the annual MUSE Awards Competition, which recognizes excellence in museum media and interactive programs. President Lincoln's Cottage, for example, received a Gold MUSE Award for creatively leveraging tablets to "interpret art in terms of history, aesthetics, and culture."[143] Staff learned to develop sufficient technical infrastructure to executive this initiative. Many individual museum professionals are also building their own professional development networks. "CODE | WORDS: Technology and Theory in the Museum" is a web community where leadership staff are publicly sharing their perspectives and expertise on digital applications.[144]

In practice, digital literacy is frequently being approached in informal settings. "Drinking About Museums," for example, brings together museum professionals in various cities across the US.[145] Small groups generally convene in a bar or restaurant to share best practices and experiences, generally around the use of emerging technology. In between face-to-face gatherings, museum staff are also turning to Twitter for a steady stream of new perspectives and helpful tips. Hashtags including #musetech, #musesweb, and #artstech keep them apprised of relevant digital findings at museums in real-time. The website "Museum Geek" is home to technology stories and ideas from innovative museum professionals.[146] There is, however, still a need for museum staff to work internally with their colleagues to make sure they stay up to date with the latest digital tools. For example, the Imperial War Museum's Computer Club provides staff with regular opportunities for peer-to-peer, hands-on training.[147]

For Further Reading

The following resources are recommended for those who wish to learn more about improving digital literacy of museum professionals:

Digital Storytelling in Museums: A Tool to Engage Adults and to Evaluate the Impact
go.nmc.org/diam
(Melting Pro. Laboratorio per la Cultura, March 2014.) In the Diamond project "Dialoguing Museums for a New Cultural Democracy" European scientific museums and research centers designed and created a training program for museum professionals to teach them how to use digital storytelling to engage with disadvantaged audiences and foster social inclusion. ***>Policy***

The Museums Computer Group
go.nmc.org/mcg
(Museums Computer Group, accessed 5 March 2015.) The Museums Computer Group (MCG) hosts an annual conference, which this year was themed "Museums Beyond the Web," inviting museum and cultural heritage professionals to consider and discuss the skills needed now in order to navigate the challenges wearable, immersive, mobile, and haptic technologies will bring. ***>Leadership***

M-LEAD (Museum Library Education and Digitization)
go.nmc.org/mlea
(Pratt Institute, accessed 5 March 2015.) Pratt-SILS, in partnership with the Brooklyn Museum, was awarded a 3-year IMLS grant of $946,325, to support internships for 30 students for careers in Museum Libraries and Archives in the Digital Age. ***>Leadership***

Some Must-Haves for Future Museum Professionals
go.nmc.org/innogen
(Dave Barr, *Inno/Genesis*, 24 August 2014.) A professor of Culture and Heritage Site Management (CHSM, a post-graduate certificate program) at Centennial College in Toronto, Canada describes the importance of a commitment to digital literacy underlying his teaching because cultural and heritage organizations must communicate and need to be fluent in most effective contemporary applications to do so. ***>Leadership***

The Real Reason Some Nonprofits Stink at Digital (And Why It Is Getting Worse)
go.nmc.org/realrea
(Colleen Dilenschneider, *Know Your Own Bone*, 2 July 2014.) This article argues that we are breeding a culture of misunderstanding around the important role of digital in the future of organizations because digital skills cannot be confined to only skill sets of specific employees. The term digital refers to the ways of our current world and the people in it, therefore it must be an aspect of every conversation in order for a museum to effectively serve museum-goers. ***>Practice***

Balancing Our Connected and Unconnected Lives

Difficult Challenge: Those we understand but for which solutions are elusive

With the abundance of new media content, technologies, and emerging participatory options combined with a long tradition of reflective atmosphere, museums are in a position to lead the way in forging a middle ground between connected and unconnected worlds. With technology now at the center of many daily activities, museum strategies have been adapted to meet visitors where they are — on the Internet by way of their mobile devices. Yet there is the growing concern that museums should maintain an ambiance that lends itself to deep contemplation and reflection on cultural works. Ongoing studies continue to highlight the distractive effects of technology on the human cognitive function; a recent psychological study proved the existence of the "photo-taking impairment effect" among test subjects who remembered objects in less detail because they had captured images of them.[148] As a result, museum leaders are struggling with how to thoughtfully integrate technology to enhance the visitor experience, while allocating time and space for analog activities and reflection. As museum programs continue to align with technology trends, museum educators are challenged to design interpretive experiences that encourage visitors to have profound interactions with collection objects, while making the most out of digital tools.

Overview

Museums are adapting to a sea change in digital and interpretive strategy among cultural heritage institutions. Technology is now a focal point of budgetary considerations, and museum leaders are considering long-term plans that expand technological infrastructure and digital tools to meet visitors where they are, particularly through their smartphones. Yet, amidst this institutional transformation, more museum leaders are calling attention to the importance of the thoughtful and integrated use of technology for interpretation. Today's visitor is reliant on their personal device for information and productivity. Yet, according to the 2014 IPSOS report, people across the world have reached a turning point in how they view their constantly connected lifestyle; in the past five to seven years, IPSOS researchers have revealed that an increasing number of people are concerned about the negative consequences of lives lived online.[149] While museum educators have recently become attuned to the struggle for balance between connected and unconnected lives, the details of this challenge are newly articulated, and its solutions are still nebulous.

The crux of this challenge is that museums are pressured to embrace modern lifestyles, complete with the always-on smartphone and camera; yet there is pushback to maintain spaces and time for deep contemplation and reflection, activities that need no digital plug-in. This conflicts with the trend toward digital strategies; museums are investing in technologies and infrastructure to make galleries more inviting, as well as providing interactive content to accompany each collection. These investments may pay off in increased visitor engagement and retention, but if not adequately balanced, operational priorities, such as staff development and training, may become neglected. In the same vein, museum educators have pointed out that any technology detracts from the human-centered elements that have traditionally been the basis of museum education.[150] As discussions around this topic become more refined, the key theme has become less about favoring one side of the dichotomy over the other, and more about understanding today's audience and how their behaviors have evolved because of technology.

This issue has gained attention since The National Gallery enabled Wi-Fi for its patrons with the intention of engaging them through social media and the web. *The Independent* recounted the debate among leaders in the field about the new development. On the one hand, art historians argued that museums are responsible for making themselves accessible and accepting to all; on the other hand, there is fear that being able to photograph an artwork diminishes the experience of looking at a collection object uninterrupted. The overarching sentiment, however, was that embracing smart devices in The National Gallery has made it possible for the museum to expand its reach through openly shared images, which stimulates cultural interest and encourages people to visit in order to see the objects in-person; that is, technology has not undermined, but changed the way people engage with cultural works, and it is the museum's task to hone their strategies for education accordingly.[151]

Implications for Policy, Leadership, or Practice

A number of museums have addressed this challenge through institutional policies that enforce photography bans — an increasingly less common practice, especially among world-renowned institutions such as the Louvre and the Metropolitan Museum of Art, which permit smartphone photography.[152] Instead, the museum community is channeling their efforts in the preliminary stages of policy-making, which require extensive research of the use of digital tools to justify their use in museums for operation and interpretation. A 2014 study in the *Journal of Audience and Reception Studies* investigated how mobile sensing, BYOD, and big data analytics are being applied in various museums to create an integrated approach to understanding visitor behaviors and needs.[153] Similarly, leading museum strategists have proposed mindful approaches to using technology in museums; among their key considerations is the need to integrate technology, create a real social space, support social behavior, and personalize the experience.[154]

Examining the impact of digital tools is critical to establishing the balance between connected and unconnected experiences. This is the goal of a long-term research collaboration, Culture24, an organization that is actively helping museums evaluate their digital strategies. Launched in 2010, the initial phase of Culture24 focused on designing standards of measurement and evaluation to determine the success of online programs, with an emphasis on social media analytics.[155] Phase 2 of the project engaged 22 cultural organizations including the Tate, the British Museum, and the National Museums of Scotland in an effort to uncover what digital engagement means and looks like.[156] The third phase of the project was aimed toward helping collaborators understand how to design content purposefully, for presentation and promotion.[157] Currently, the Culture24 action research project is in Phase 4, which is focused on examining the audience, their needs, and behaviors in order to shift the model away from a broadcast model of content delivery, to help visitors engage more holistically with cultural content.[158]

In practice, striking a balance between a connected and unconnected museum experience is happening through projects that educate visitors about mindful observation and other analog methods of viewing art. At the El Segundo Museum of Art in California, a meditation educator collaborated with the museum to organize a workshop called "Art in the Heart: The Heart-Mind Connection in Viewing Art." The participants — museum educators, docents, and artists — were instructed in walking meditation and other holistic practices for viewing cultural objects.[159] Currently, the Frye Art Museum in Washington works with a partner organization, the Swedish Medical Center Rehab Services, to offer weekly classes in Mindfulness Meditation. Led by physical therapists, the free program is intended to help visitors apply present-moment awareness and hone a calm focus as they explore the gallery and take in the artworks.[160]

For Further Reading

The following resources are recommended for those who wish to learn more balancing our connected and unconnected lives:

U.S. Holocaust Memorial Museum Adopts New Rules to Attract Digital Generation
go.nmc.org/holo
(Menachem Wecker, *The Washington Post*, 3 October 2014.) The U.S. Holocaust Memorial Museum is seeking to find a balance of visitor engagement while still preserving the meditative aura in their galleries, and has launched a mobile app designed to complement the museum visit, effectively reversing a ban on smartphone use in its permanent collection. But their concern is that in memorials, it is of paramount importance for visitors to be respectful with how and what they share, and the museum understands this will be difficult to monitor. ***>Policy***

Can the Arts Get Smart About the Smartphone?
go.nmc.org/artsmarts
(Steve Johnson, *Chicago Tribune*, 28 March 2014.) This article gives examples of how museums, theaters, and even zoos are embracing a culture of ubiquitous smartphones while still seeking to preserve face-to-face engagement with the arts. Chicago's Spektral Quartet recently led a project inviting composers to craft original ringtones, text alerts, or alarms for a string chamber group that are available to the public. ***>Leadership***

Designing For the Space Between Devices
go.nmc.org/desfor
(Josh Clark, *Invision App Blog*, accessed 23 February 2015.) This blog argues that by creating more natural user interfaces including using the aid of sensors, our digital interactions will move off screens and into the natural environment. We will be equally aware of our physical and digital connections, and our devices will not lead to the same isolation as the current scenario in which we each navigate the physical environment heads-down when using our personal devices. ***>Leadership***

Pick Up Your Smartphone Less Often. You Might Think Better.
go.nmc.org/might
(Serri Graslie, *WNYC*, 9 February 2015.) Research suggests that our brains need downtime and reflexively checking our phones takes away from that. Letting the mind wander stimulates creativity which is also an important aspect of a museum visit. Museums should be careful that the mobile apps and methods of encouraging device use in their institutions do not take away from serendipitous discovery and creative thought processes. ***>Practice***

Measuring the Impact of New Technologies

Difficult Challenge: Those we understand but for which solutions are elusive

Museums are increasingly leveraging emerging technologies such as mobile apps, social media, natural user interfaces, and augmented reality to add interactive elements to their exhibits and collections.[161] With the growing emphasis on the digital realm, some thought leaders fear that use of these tools is superseding the development of sufficient technology evaluation frameworks.[162] While many museums are astute at assessing their traditional programs,[163] they have yet to cultivate standard protocol for measuring the success of the technologies they deploy. Exacerbating this challenge is the notion that evaluation should occur both before and after technologies are implemented; staff must have a thorough understanding of how the tools correspond with the museum's mission and goals prior to being embraced at scale. Unfortunately, there are not always concrete precedents for the use of new technologies in the cultural heritage sector, and museums that are early adopters often gamble when trying them. The hope is that as museums become more adept at measuring the impact of these technologies and share the results with other institutions, the risk factor will be significantly mitigated.

Overview

The use of emerging technology has pervaded nearly every facet of people's lives, making it difficult to pinpoint the precise impact of each device and tool.[164] In a recent Debate.org poll, 60% of respondents believed that the devices they own were improving their lives, while 40% asserted that they were hindering them. The difference between positive and negative associations hinged on how technologies were being used, not the devices themselves.[165] The "how" has become one of the most important considerations for institutions adopting 21st century tools. Learning-focused organizations such as museums are in a unique position because some of the technologies they deploy typically must correlate to an educational outcome; the goal is ultimately for technology to enhance how patrons learn about artworks, objects, history, or culture. The impact of a museum's mobile app, for example, may not be solely reflected in the sheer number of people using it, but also in the quality of their interactions with it. Quality is inherently more difficult — and subjective — to measure than quantity.

Many museums have already turned to social media to bolster interactions with followers and track their engagement. A museum professional and researcher in Denmark presented at the 2014 Museums and the Web conference and reported that incorporating social media activities allows staff to categorize levels of interaction from their followers as either Enthusiast, Connected, Contributor, Interested, or Informational.[166] Additionally, one of the most tangible ways to measure impact is through monetary gains. In the case of the small museum Palazzo Madama in Italy, their digital strategy recently included a crowdfunding endeavor to purchase and house a renowned collection of porcelain. In addition to surpassing their goal and securing 100,000 euros from art and history enthusiasts from all corners of the world, Palazzo Madama used the campaign as a promotional vehicle. Contributors to the campaign are now bonded to the collection, which can deepen the relationship between the institution and their audiences.[167] While the example serves as anecdotal inspiration for other museums, evaluating the success of an isolated project is a short-term effort; stories are important, but so is concrete data. There is still a need for assessment frameworks that address long-term programs and technology use.

According to *The Museum of the Future*, many museums have a narrow concept of value as it relates to profit. They point to the "social, political, emotional, educational, and creative," in addition to how deeply people are participating in a museum's programs and objects, as elements for measuring the value of applied technologies.[168] However, for small museums that do not have the budget or time to design and manage sophisticated tracking systems, monitoring impact may pose an even greater challenge. Especially in the mobile realm, large technology providers are increasingly weaving analytics into their platforms. In late 2014, Google announced that it was making app development software available to museums via Google Cultural Institute to take advantage of mobile features such as 3D maps and video as a way to make virtual visitors feel like they are actually inside a museum.[169] The aim is to enable all museums to foster highly participatory experiences for people that cannot access the physical spaces. Through the Google Developer Console, museums will be able to track the behaviors and engagement details of their virtual patrons from the app, though measuring the emotional experience is still elusive.

Implications for Policy, Leadership, or Practice

This challenge is notably difficult for museums due to a lack of formal policies available to govern the evaluation of technology impact. Museums can, however, look to standards and protocol from relevant fields and adapt them to their environments. IMLS is dedicated to providing cultural heritage institutions with evidence-based knowledge that demonstrates the value of technology innovation. They have curated a list of recommended general guides for program evaluations, templates for building scalable models, project planning tools, and evaluation methods.[170] Ultimately developing effective standards for technology measurement is only taking place at small scale, though individuals are sharing best practices. Researchers at three universities in Greece recently published the paper "Usability Evaluation of Virtual Museum's Interfaces Virtualization Technologies" to analyze the offerings of museums' online features as they relate to user experience and recommend ways to humanize digital interactions.[171]

It is vital for museums to develop evaluation benchmarks before deploying new technologies so they are not trying to retrofit a solution to standards created post-implementation. In the Minneapolis Institute of Arts' "Dynamic New Approach" strategy brief, they outlined their major goals, which included increasing audience engagement and globalizing their efforts. Every technology they adopt must be in service of those objectives and evaluated for their role in achieving them.[172] Leaders in the field are also recognizing that understanding how to use digital tools to measure the broader impact of museum programs is an equally important activity. The University of Pennsylvania's Social Impact of the Arts Project (SIAP) was founded on the mission that cultural, art, and heritage institutions are critical to urban vitality and social wellbeing. SIAP emphasizes the use of linked open data to reveal patterns in positive community responses to museums.[173] In August 2014, they leveraged this data to showcase how the arts influenced the economy, health, and social connections in four U.S. cities.[174]

Some museums see fostering innovation and improved workflows as key indicators of successful practices. In 2014, the Smithsonian's Digitization Program Office leveraged their National Numismatic Collection, housed at their National Museum of American History, to digitize proofs that were used to create paper money in the 19th and early 20th centuries.[175] Virtually capturing the 250,000 proofs — hand-engraved, metal plates — would have normally taken 15 minutes per sheet at a cost of $10 each; the process projected to take several years to complete. In well under a year, a team of 20 Smithsonian staff developed a more cost-effective, rapid capture workflow using a conveyor belt and a custom-designed 80 megapixel imaging system. This technology made available to the public details of the proofs that would have otherwise never been exposed. The Smithsonian considers providing unprecedented access to historic objects a genuine measure of the effectiveness of their new digitization process.

For Further Reading

The following resources are recommended for those who wish to learn more about measuring the impact of new technologies:

Museums See Different Virtues in Virtual Worlds
go.nmc.org/virtues
(Anand Giridharadas, *The New York Times*, 7 August 2014.) This article describes the importance of a plan beforehand that includes benchmarking and measuring progress against articulated goals, before museums experiment in the digital arena with new platforms and apps. Brooklyn Museum found that data from their recent apps and games proved their presence in the digital sphere simply replicated the elitism of physical visit patterns rather than reaching new patrons as they had hoped. This knowledge allows them to try a more effective approach. ***>Policy***

Measuring the Value Created by Auckland Museum's Moana - My Ocean Exhibition: A Social Return on Investment (SROI) Analysis
go.nmc.org/auck
(Allpress, JA, Rohani, M, and Meares, C, Auckland Council, 2014.) New Zealand's first museum, Auckland War Memorial Museum, featured an exhibit called "Moana - My Ocean" that explored New Zealand's unique marine environment. This report describes how they used an evaluation methodology of Social Return on Investment (SROI) to understand the benefit-cost ratio of their investment in the exhibit. ***>Leadership***

What Can We Learn From Watching Groups of Visitors Using Digital Museum Exhibits?
go.nmc.org/canwe
(Andrew Lewis, *V&A Museum*, 25 September 2014.) This post looks at three digitally-mediated museum experiences and how a recent study combined the observation and video-recording of user behavior to provide a detailed look at people's 'natural' behavior. The authors leveraged this study to generate empirically based insights for informing museum exhibition design, visitor research, and evaluation. ***>Leadership***

Interweaving Social: An Interview With The Cleveland Museum Of Art's Reena Goodwin, Part 1
go.nmc.org/weav
(Kristen Sorek West, AMT Lab, Carnegie Mellon University, 5 November 2014.) Social media allows museums to measure engagement using both qualitative and quantitative metrics for a fuller picture of audience participation. Museums can glean valuable insight from these platforms that allow visitors to freely express their opinions and share which content and experiences they personally relate to within the museum. ***>Practice***

Maintaining Progress in Technology, Workflows, and Infrastructure

Wicked Challenge: Those that are complex to even define, much less address

Many museums are not yet equipped with the technical infrastructure to realize their vision for digital learning, digitization of assets, and content production. While the value of digital tools for accessibility and interpretation are becoming better understood in the museum world, the vast majority of institutions are not prepared technologically or structurally to pursue these contemporary objectives. Lack of specialized personnel and funding leave little time for articulating, much less realizing a vision that requires long-term planning and a complete reinvention of operational practices. Continual progress for museums hinges on whether institutions can properly address different areas for development including comprehensive digital strategies, standards for content management, digital interpretation and preservation, and staffing. Altogether, the requirements for museums that aim to use effective practices are complex in their diversity and type, and not yet completely grasped by the museum community.

Overview

Today's museums are increasingly concerned with using up-to-date digital systems to manage their assets in ways that guarantee collections and their metadata will be accessible to museum stakeholders, and perhaps more importantly, to future generations. Yet digital asset management (DAM) is a constantly moving target, and it requires a dedicated, skilled professional to maintain. The DAM Learning Center has covered the detriment that underdeveloped data asset management systems cause for museums. In the case of the National Trust for Scotland, a decentralized, fragmented system meant that personnel were spending hours trying to fulfill image requests for clients and colleagues. These inefficiencies made it difficult to focus on projects, collection work, and other advances in infrastructure. The need to employ effective digital collection management is a growing concern for museums seeking sustainable expansion in the modern, technological landscape.[176]

This wicked challenge applies to nearly every department of cultural heritage institutions, and it is complicated by the lack of resources to develop and execute plans that lead to progress. While these difficulties have yet to be explored in comprehensive detail for museums, the library community, a sector with similar priorities and processes, has covered this topic to some extent. In a recent study published by Illinois State University, researchers from the Milner Library explored the difficulty of implementing a modern digital preservation program at an under-resourced institution, ultimately relating how they managed to take action and advance their mission. The discussion highlighted a long list of challenges, including minimal funds, lack of training, lack of engagement, change fatigue, and getting buy-in from administrators. Among the approaches to resolve these issues, the researchers cite the importance of developing a common language to discuss digital preservation, regional or multi-institutional collaboration, and additional training for department heads that helps them allocate resources effectively.[177]

Crucial to understanding the complexity of this challenge is acknowledging that the ever-changing technological landscape favors long-term strategies, which incorporate flexible approaches to technology integration and a broader perspective about what types of skilled professionals are needed in museums. Yet institutions are often faced with budgetary limitations that hinder their ability to hire and train staff that can lead or contribute to digital initiatives including programmers, designers, and gallery technicians. As a result, more museum experts are emphasizing the importance of diversifying staff and ensuring various disciplines, both digital and curatorial, are represented to establish a strong foundation of in-house knowledge. Formulating budgets to promote progress, however, requires a comprehensive understanding of how these decisions affect museums on an operational level, leading to a change in practice that forgoes short-term, project-based paths in favor of visions that promote sustainable and persistent growth.

Implications for Policy, Leadership, or Practice

Maintaining standards for infrastructure can be bolstered at the national level. The Canadian Heritage Information Network (CHIN) is a government agency that provides a network for museums and other cultural heritage institutions in Canada to connect through digital technologies.[178] The online resource is aimed toward museum professionals and offers collection management resources and expertise for the cultural heritage sector. As part of their assets, CHIN has comprehensive documentation on metadata standards for art collections of every discipline and type as well as standards for intellectual property rights, education, and digital preservation.[179] The United States Library of Congress is also actively supporting progress in developing standards for contemporary workflows and infrastructure with the *2015 National Agenda for Digital Stewardship,* which published with the help of experts in the field. Intended to provide insights about technological trends, gaps in capacity, and crucial areas of funding, the annual report covers emerging concerns about infrastructure and makes recommendations for practitioners in digital stewardship.[180]

A number of museums are already making strides toward continual progress through innovative approaches to leadership and professional development. At the Metropolitan Museum of Art, the Chief Digital Officer (CDO) works closely with the CTO and CIO to build strategies around content that is shared with the public. In a recent interview, the CDO at the Met described how technology should establish a cycle in which a memorable experience online compels visitors to see the art in-person, and then the memorable experience onsite compels the visitor to stay in touch.[181] The Digital Library Federation (DLF) provides professional development opportunities for museum professionals focused on the digital humanities through the DLF Cross-Pollinator Fellowship, a stipend that covers travel for museum practitioners who wish to attend the DLF Forum. Devised with the goal of breaking down organizational silos and inviting fresh viewpoints, the fellowship actively seeks museum professionals involved with digital collections and services to bring greater understanding of how cultural heritage institutions operate and accomplish their missions in a networked environment.[182]

Progress is a goal shared by a community of forward-thinking practitioners, and many organizations as well as individuals are leading the way by making their knowledge and experience accessible to all. Started in 2012, the Museum Digital Publishing Bliki has provided a platform for museum experts to discuss topics such as digital strategy, digitization, and workflow, in an open, collaborative blogging space.[183] The online publication has engaged many leaders in the museum community and experts in digital services to relate their experiences implementing contemporary strategies that leverage emerging technologies. At the Guggenheim, museum leaders are making progress in their digital practices through the establishment of a public-facing three-tiered plan for managing electronic records.[184] Funded by the National Historic Publications and Records Commission, the 18-month project is working toward preserving the history of the Guggenheim for future generations and making sure that future archive submissions will be exclusively electronic.[185]

For Further Reading

The following resources are recommended for those who wish to learn more about maintaining progress in technology, workflows, and infrastructure:

Convincing Employees to Use New Technology
go.nmc.org/conv
(Didier Bonnet, *Harvard Business Review*, 9 September 2014.) Organizations tend to focus on deployment of new platforms and technologies rather than adoption, which can lead to the spreading of cynicism if any employees are unable to voice their qualms or do not feel on-board with new plans. Doing fewer things better, planning and budgeting for adoption from the start, leading by example, engaging true believers, and aligning rewards and recognition can help organizations embed adaptivity into their processes, workflows, and culture. ***>Policy***

Creating A Digital Infrastructure for Science
go.nmc.org/datainfra
(Natural History Museum, accessed 18 February 2015.) The Natural History Museum is working with Museum colleagues, other academics, and industrial partners to build a data infrastructure so it can share its vast collection and research data freely online. Informatics is key to providing the framework to store, manage and share their data, which can in turn have great cultural impact by providing support for government objectives in developing successful habitat protection policies. ***>Policy***

Digital Myth
go.nmc.org/digmyth
(Mia Ridge, Museums Association, 17 January 2014.) A recent report by independent research agency MTM, for the arts council, the Arts and Humanities Research Council, and Nesta held that museums are less likely than the rest of the sector to report positive impacts from digital technologies, particularly in terms of revenue generation and audience development. With that finding in mind, this article stresses how senior management in museums must better understand the impact of digital technologies to build in space for experimentation within the museum's infrastructure. ***>Leadership***

National Museum of Wales Tackles Digital Technology
http://go.nmc.org/wales
(Caroline Baldwin, *Computer Weekly*, 17 October 2014.) This article describes the challenges the National Museum of Wales faces mid-way through a three-year strategy of digitizing and embedding digital thinking across its seven campuses. So far, 1.4 million of 4 million objects have been electronically documented and efforts to tidy up legacy data systems, install Wi-Fi and test beacon technology are in progress. ***>Leadership***

Privacy Concerns

Wicked Challenge: Those that are complex to even define, much less address

As individuals allow companies and museums to track their transactions and visitor behavior in exchange for convenience and discount or free services, the security of data privacy is an increasing concern. A recent Accenture survey revealed that although 80% of consumers aged 20-40 in the United States and United Kingdom believe total privacy in the digital world is no longer possible, 87% believe that adequate safeguards are not in place to protect their privacy. The survey also highlighted consumer concern about the transparency around how their information is being stored and used.[186] Recent security breaches at Home Depot[187] and Sony Pictures Entertainment[188] help to underscore the vulnerability of personal information. Privacy policies in the museum sector are continually being refined, but they are hardly keeping pace with the rapid acceleration of new data-centered technologies, creativity of cybercriminals, and changing expectations of privacy.

Overview

As the collection of data for consumer insights increases, so does the risk for data breaches. Forty-three percent of a Ponemon Institute survey's respondents state their companies had a data breach involving the loss or theft of over 1,000 records in 2014 — an increase of 10% from the previous year. Alarmingly, 60% of respondents said they experienced more than one breach. Even though 26% of respondents said their company had a data breach or cyber insurance policy, this is woefully inadequate.[189] A Trustwave Global Security report found the US was especially attractive to cyber criminals because of the country's consumer-driven economy. While 59% of global security breaches occurred in the United States, they are not alone.[190] Findings from a Central European University's Center for Media, Data, and Society report show that the personal data of millions of Europeans have been compromised, and that 89% of the data breaches were the fault of corporations.[191]

Museums are struggling to develop plans to guarantee the privacy of newly acquired data. They emphasize opting-in for museum programs that accumulate their data, encrypt credit card numbers, and unlink payment details from their guest profiles in their databases.[192] Despite these assurances, museums are just as vulnerable as other companies. Cyber criminals attacked the Ashmolean Museum, a university museum on the Oxford campus, in the summer of 2014. An unidentified hacker broke into their website and stole the names, addresses, email addresses, telephone numbers, and time and date of visits of nearly 8,000 guests. While the museum apologized, they downplayed the attack by reporting that no financial details were taken and explained that the largest risk came in the form of unsolicited marketing communication through various channels.[193]

Compounding this wicked challenge are the continuously shifting expectations of privacy in light of technological advancements. Citizenship and social life are rapidly blurring the lines between public and private life. In order to exist online, individuals post status updates and share photos in open, public spaces to enrich friendships and find and grow communities. Personal data is also the currency of the knowledge economy – it is the key focus of many business models.[194] Furthermore, there are also contradictory messages coming from individuals; when being surveyed, museum visitors say they want more privacy, yet when they are asked to opt-in, they are willing.[195] Solutions may come from the way teenagers and millennials, who have spent all or most of their lives online, increasingly adopt tools that help protect their privacy and personal information. New methods of communication such as Snapchat and Cyber Dust highlight a new wave of communication that blends the best of public and private communication while leaving a light digital footprint.[196] The Los Angeles County Museum of Art, Blanton Museum of Art, Georgia Museum of Art, and San Francisco Museum of Modern Art are just a few of the museums experimenting in the Snapchat space.[197]

Implications for Policy, Leadership, or Practice

Federal policy regarding privacy is continuously evolving and is often needed to respond to new types of threats and attacks. In light of the security breaches that plagued the US in 2014, President Obama unveiled legislation that will help protect consumers and students against cyber attacks. His plan would require companies to notify customers within 30 days after personal information is compromised and provide federal enforcement of cybercrimes.[198] The United Nations is also developing a draft resolution for privacy protection led by Brazil and Germany, titled "Right to Privacy in the Digital Age."[199] At the institutional level, privacy policies are ubiquitous. A quick scan of any museum's website will show their policy statements, which typically include language about opting in to communications, information that is tracked, use of web beacons, and cookies — as is seen on the Heard Museum's website, for example.[200]

While formal privacy policies take shape across governments, leaders in the field are developing best practices that can protect privacy at the institutional level. Mozilla recently reviewed and updated their data privacy principles, which guides how they build their products and services, manage user data, and select and interact with partners, providing a valuable baseline for museums. Their five Data Privacy Principles are "no surprises, user control, limited data, sensible settings, and defense in depth."[201] Conferences and presentations are also ways for museums to further data privacy conversations. The Exploratorium is facilitating a conversation at the Museums and the Web 2015 conference about how museums can learn about current online privacy issues. Topics will include privacy within museum web and app publishing; US federal, US state, and EU privacy regulations; and, ways to evaluate a vendor's tracking and reporting technologies.[202]

Exhibitions and interpretation tools that use digital footprints as their source are adding increasing complexity to the privacy debate in museums. At the Jewish Museum, an artist mined information from a variety of online sources including dating sites for an exhibition titled "Composed: Identity, Politics, and Sex" which caused some backlash from visitors because of privacy concerns. The museum received complaints from patrons claiming the artist had taken their photographs from a dating site and exhibited their portraits publicly as part of the exhibition.[203] The recent emergence of visitor tracking technologies is causing museums to be more transparent about their surveillance. Currently in use in several museums, location-based services such as iBeacons are the most recent source of concern. Museums and vendors are being more upfront about how this technology is and is not being used. They need to make it explicit that it is not about tracking a user's location and activity, but providing a better overall experience.[204]

For Further Reading

The following resources are recommended for those who wish to learn more about privacy concerns:

Big Data: Seizing Opportunities, Preserving Values
go.nmc.org/values
(Whitehouse, February 2015.) The big data and privacy working group has created a report

identifying specific policy recommendations as deserving prompt action in a world where data collecting is nearly ubiquitous. These include advancing the Consumer Privacy Bill of Rights and passing national data breach legislation. **>*Policy***

If There's Privacy In The Digital Age, It Has A New Definition
go.nmc.org/iftheres
(Steve Henn *NPR*, 3 March 2014.) This article explains how expectations for privacy must be redefined because we will never be able to totally disappear, but putting the right rules and technologies in place can help keep personal data under control. **>*Policy***

Making Your Privacy Policy Public
go.nmc.org/privpub
(Kamala D. Harris, Attorney General, California Department of Justice, May 2014.) This document created by the California Department of Justice offers recommendations for making a general privacy policy statement more effective and meaningful than a policy that simply meets minimum legal requirements. Privacy policies are an opportunity for organizations to build their brands and to develop goodwill and trust through transparency. **>*Policy***

Obama Proposes Legislation on Data Breaches, Student Privacy
go.nmc.org/breach
(Katie Zezima, *The Washington Post*, 12 January 2015.) In a speech at the Federal Trade Commission President Obama unveiled legislation that would require companies to notify customers within 30 days after the theft of personal information is discovered. **>*Policy***

How Safe is Your Quantified Self?
go.nmc.org/howsafe
(Mario Ballano Barcena, Candid Wueest, Hon Lau, Symantic, 11 August 2014.) As wearable devices and the quantified-self movement takes off, companies like Symantec warn that it found security risks in a large number of self-tracking devices and applications. One of the most significant findings was that all of the wearable activity-tracking devices examined, including those from leading brands, are vulnerable to location tracking. **>*Practice***

What One Man's Cat-Tracking Map Can Tell Us About Privacy Settings
go.nmc.org/cat
(Audra Schroeder, *The Daily Dot*, 21 July 2014.) An associate professor of art at Florida State University created a data visualization project called "I Know Where Your Cat Lives" that maps a sample of 1 million public cat photos from sites like Flickr and Instagram. He wrote the software to access public APIs data and hopes the project will contribute to dialogue on data use, sharing, and privacy. **>*Practice***

Important Developments in Educational Technology for Museum Education and Interpretation

Each of the six developments in educational technology detailed in this section were selected by the project's expert panel using the Horizon Project's Delphi-based process of iterative rounds of study, discussion, and voting. In the NMC Horizon Project, educational technology is defined in a broad sense as tools and resources that are used to improve teaching, learning, and creative inquiry. While many of the technologies considered were not developed for the sole purpose of education and interpretation, they have clear applications in the field.

The technologies, which the members of the expert panel agreed are very likely to drive technology planning and decision-making over the next five years, are sorted into three time-related categories — near-term technologies that are expected to achieve widespread adoption in one year or less; mid-term technologies that will take two to three years; and far-term technologies, which are forecasted to enter the mainstream of museum education and interpretation within four to five years. Each technology topic opens with an overview of the topic.

The initial list of topics considered by the expert panel was arranged into categories that were based on the primary origin and use of the technology. The potential applications of the technologies featured, specifically in the context of global museums, were considered in a series of online discussions that can be viewed at museum.wiki.nmc.org/Horizon+Topics.

The expert panel was provided with an extensive set of background materials when the project began that identified and documented a range of existing technologies used in both education and beyond. The panel was also encouraged to consider emerging technologies whose applications for museums may still be distant. A key criterion for the inclusion of a new technology in this edition was its potential relevance to education and interpretation in museums.

In the first round of voting, the expert group reduced the master set, shown above, to 12 technologies that were then researched in much greater depth by the NMC staff. Technologies that do not make the final report are often thoroughly discussed on the project wiki at museum.wiki.nmc.org. Sometimes a candidate technology does not get voted in because the expert panel believes it is already in widespread use in museums, or, in other cases, they believe the technology is more than five years away from widespread adoption. Some technologies, while intriguing, do not have enough credible project examples to substantiate them.

There are currently seven categories of technologies, tools, and strategies for their use that the NMC monitors continuously. These are not a closed set, but rather are intended to provide a way to illustrate and organize emerging technologies into pathways of development that are or may be relevant to education and interpretation. The list of seven categories has proven fairly consistent, but new technologies are added within these categories in almost every research cycle; others are merged or updated. Collectively, the categories serve as lenses for thinking about innovation; each is defined below.

> **Consumer technologies** are tools created for recreational and professional purposes and were not designed, at least initially, for educational use — though they may serve

well as learning aids and be quite adaptable for use in museums. These technologies find their ways into institutions because people are using them at home or in other settings.

> **Digital strategies** are not so much technologies as they are ways of using devices and software to enrich education and interpretation, whether inside or outside of the museum. Effective digital strategies can be used in both formal and informal learning; what makes them interesting is that they transcend conventional ideas to create something that feels new, meaningful, and 21st century.

> **Enabling technologies** are those technologies that have the potential to transform what we expect of our devices and tools. The link to learning in this category is less easy to make, but this group of technologies is where substantive technological innovation begins to be visible. Enabling technologies expand the reach of our tools, make them more capable and useful, and often easier to use as well.

> **Internet technologies** include techniques and essential infrastructure that help to make the technologies underlying how we interact with the network more transparent, less obtrusive, and easier to use.

> **Learning technologies** include both tools and resources developed expressly for the education sector, as well as pathways of development that may include tools adapted from other purposes that are matched with strategies to make them useful for learning. These include technologies that are changing the landscape of education and interpretation, whether formal or informal, by making it more accessible and personalized.

> **Social media technologies** could have been subsumed under the consumer technology category, but they have become so ever-present and so widely used in every part of society that they have been elevated to their own category. As well established as social media is, it continues to evolve at a rapid pace, with new ideas, tools, and developments coming online constantly.

> **Visualization technologies** run the gamut from simple infographics to complex forms of visual data analysis. What they have in common is that they tap the brain's inherent ability to rapidly process visual information, identify patterns, and sense order in complex situations. These technologies are a growing cluster of tools and processes for mining large data sets, exploring dynamic processes, and generally making the complex simple.

The following pages provide a discussion of the six technologies highlighted by the 2015 Museum Expert Panel, who agree that they have the potential to foster real changes in museums, particularly in the development of education and interpretation. As such, each section includes an overview of the technology; a discussion of its relevance to education and interpretation; and curated project examples and recommendations for further reading.

Consumer Technologies
3D Video
Drones
Electronic Publishing
Mobile Apps
Quantified Self
Robotics
Tablet Computing
Telepresence
Wearable Technology

Digital Strategies
Bring Your Own Device (BYOD)
Flipped Classroom
Games and Gamification
Location Intelligence
Makerspaces
Preservation/Conservation Technologies

Enabling Technologies
Affective Computing
Cellular Networks
Electrovibration
Flexible Displays
Geolocation
Location-Based Services
Machine Learning
Mesh Networks
Mobile Broadband

Natural User Interfaces
Near Field Communication
Next-Generation Batteries
Open Hardware
Speech-to-Speech Translation
Statistical Machine Translation
Virtual Assistants
Wireless Power

Internet Technologies
Cloud Computing
The Internet of Things
Real-Time Translation
Semantic Applications
Single Sign-On
Syndication Tools

Learning Technologies
Badges/Microcredit
Learning Analytics
Massive Open Online Courses
Mobile Learning
Online Learning
Open Content
Open Licensing
Virtual and Remote Laboratories

Social Media Technologies
Collaborative Environments
Collective Intelligence
Crowdfunding
Crowdsourcing
Digital Identity
Social Networks
Tacit Intelligence

Visualization Technologies
3D Printing/Rapid Prototyping
Augmented Reality
Computer Vision
Information Visualization
Visual Data Analysis
Volumetric and Holographic Displays

Bring Your Own Device (BYOD)

Time-to-Adoption Horizon: One Year or Less

BYOD, also referred to as BYOT (Bring Your Own Technology), refers to the practice of people bringing their own laptops, tablets, smartphones, or other mobile devices with them to be productive in learning institutions or at work. Intel coined the term in 2010, when the company observed that an increasing number of its employees were using their own devices and connecting them to the corporate network. Since implementing a BYOD policy, the company has reported up to 5 million hours of annual productivity gains, a compelling statistic for other organizations weighing the benefits of BYOD.[205] In museums, the trend toward BYOD is happening two-fold: on one hand, museums are adapting to a patronage that carry mobile networked devices everywhere, and, on the other hand, museum employees are using their personal laptops and smartphones to conduct business and complete tasks at their institution. In essence, museums are leveraging BYOD policies to meet visitors where they are most comfortable; personal smartphones have become the entry point for delivering museum-based services and interactive, educational programs of all kinds.

Overview

Mobile devices have become the gateways to personal working and learning environments because they afford a level of ease that allows for exploration and productivity to happen anywhere, at anytime. In a BYOD work environment, staff are no longer tethered to a desk nor confined to a physical space in order to carry out their tasks. Gartner predicts that by 2018, there will be twice as many employee-owned devices used for work than company-owned devices. Their findings suggest a global shift in the way IT infrastructure is being developed in every industry, citing BYOD as the best alternative to limit costs and expand access.[206] Cultural heritage institutions that are aligning themselves with this shift are investing in next generation wireless networks to accommodate increased online activity and address the emerging connection between mobility and enhanced visitor experience. In the museum workplace, as in other sectors, the transition to BYOD continues to gain traction because it reflects a contemporary lifestyle and way of working.

The convenience of BYOD for museum staff has also prompted a shift in how the visitor experience is conceived. While traditionally, museums have provided patrons with devices to accompany audio tours, they are now encouraging visitors to use their personal smartphones and tablets on site. Many museum administrators are seeing the potential of BYOD to save money purchasing, insuring, and maintaining devices for loaning to visitors, thus allowing the redirection of resources to support IT infrastructure that will foster long-term growth.[207] Moreover, BYOD has users navigating the museum's digital resources on a device they are comfortable with, saving time and efforts once reserved for device orientation. Museum educators, however, are noticing that there are still many patrons that lack devices, especially children. As a result, a hybrid approach to BYOD, termed CYOD (Choose Your Own Device), has been recognized as a way to design technology-based programs that are inclusive and prevent alienation among visitors.[208]

One element embedded into BYOD policies for museums is that visitors are permitted to carry in their cameras, a now ubiquitous feature in smartphones. This has been a point of contention for many cultural heritage institutions that are managing the delicate balance between leveraging the freedoms BYOD policies offer while protecting museum ambiance. The Van Gogh Museum, for example, reinstated its ban on personal photography in January 2014 after eight months of it being permitted. The museum changed its policy due to the stress that it caused between patrons wishing to see the artworks and those struggling to get a clear shot of the artworks in a space that is constantly crowded.[209] On the other hand, there are a fair amount of famous institutions including the Louvre, the Tate, New York's Metropolitan Museum of Art, and the Vatican museums that allow the use of smartphones for personal photography. [210]

Relevance for Museum Education and Interpretation

The proliferation of mobile devices, coupled with the growing focus on mobility, has had a tremendous effect on museums' technology strategies, which are driving investments in large scale, high-capacity networks. The Fernbank Museum of Natural History in Atlanta, Georgia, recently partnered with AT&T and Cisco Networks to build out a next generation network that supports their native mobile app, which incorporates location-based services, browser-based services, and real-time location analytics. Essentially, the app offers visitors a chance to interact with museum-focused content on their personal devices, and the increase in access points ensures that they will always be connected.[211] A similar strategy has been implemented at the Rijksmuseum, the national museum of the Netherlands. Closed for ten years for renovation, the museum opened up in 2013 with state-of-the-art wireless and wired networks that support more than the 10,000 to 15,000 visitors it receives each day. The improved network has also streamlined IT activities, making it easier for staff to on-board guests through profile-based policies.[212]

More museums are seeing the value of enabling visitors to capture and share their experience of art with their personal devices for educational purposes, and for promoting the institution to a broader audience through social media. The Crystal Bridges Museum of American Art in Arkansas spearheads a comprehensive BYOD policy that encourages users to take pictures in designated areas and share via their unique hash tag on social media, among other directives.[213] As part of Seattle Museum Month, 56 cultural institutions participated in a digital campaign based on STQRY, a mobile storytelling app that allows users to explore, favorite, and share exhibitions with other users, in one place that every institution shares.[214] Some museums have begun to engage users through their personal devices beyond institutional walls. "#captureParklandia" was a recent large-scale social media initiative from the Portland Art Museum that used Instagram, a geolocated map on the museum's website, and a web-based photo stream to organize people in conversations around Portland's parks.[215]

Permitting personal smart devices in the museum space has unleashed vast opportunity when it comes to collecting data that institutions use to integrate personalized learning experiences. Emerging way-finding technologies are allowing institutions such as the Los Angeles County Museum of Art and the Guggenheim to track footfalls and to get a more precise sense of which pieces garner the most attention.[216] The Estimote Beacon, for example, is a wireless, energy efficient Bluetooth transmitter that connects to users via their smartphones within the museum.[217] App developers for museums are synching apps with these new technologies in order to push targeted information to visitors according to their location and to leverage big data about visitor behavior that can aid with exhibition planning or the development of mobile-based reward programs.[218] As a result, the BYOD-enabled experience has become a seamless extension of a user's cultural journey that they engage with on their own terms, on their own device. This personalization of content and services made possible by emerging technologies empowers museums to meet visitors where they are, and make their trip to the museum more memorable.

Bring Your Own Device in Practice

The following links provide examples of BYOD in use that have direct implications for museums:

Special Exhibit in Wilmington Offers Italian Art as Seen Through Apps

http://go.nmc.org/ital

(Melissa DiPento, *Technical.ly*, 9 October 2014.) Paolo Russo has created an exhibit titled "Treasures and Tales of Italy's Art Recovery Team: Antiquities from the Guardia di Finanza," that showcases priceless stolen Etruscan and Greco-Roman art, artifacts, and antiques from Italy. He has set up the exhibit at the University Museums of the University of Delaware using a 'bring your own story' concept that leverages the Aurasma app, inviting visitors to add their own stories to the collection of ideas associated with ancient artifacts using their personal phones and devices. ***>Leadership***

Science Museum Launches App for Visitors with Disabilities

http://go.nmc.org/ncm

The N.C. Museum of Natural Sciences in Raleigh has launched an app that offers multiple benefits to visitors. An important feature is that it provides visitors with visual impairments a way to mentally map the museum and exhibits so they can decide what they want to spend their time doing. ***>Practice***

For Further Reading

The following articles and resources are recommended for those who wish to learn more about Bring Your Own Device:

What's It Like for Museum Visitors to Connect to Wi-Fi on a Mobile Phone?

go.nmc.org/splash

(Andrew Lewis, Victoria and Albert Museum, 6 May 2014.) The Victoria and Albert Museum is looking into how to improve the user experience for visitors who connect to museum Wi-Fi with their personal devices. The museum recently pulled together a review on Wi-Fi splash screens through a Twitter call that received over thirty responses from museum professionals around the world who submitted examples from their own institutions. ***>Policy***

Bring it on: Ensuring the Success of BYOD Programming in the Museum Environment

go.nmc.org/bringit

(Scott Sayre, Museums and the Web 2015, 31 January 2015.) This paper provides an overview of preliminary research findings and practices being developed around visitor-focused BYOD at the Corning Museum of Glass (CMoG). Based on Stanford University's design thinking, used to envision and hone the BYOD visitor experience, the museum has found and describes eight related variables that could significantly impact overall success of a BYOD program. ***>Leadership***

Games and Gamification

Time-to-Adoption Horizon: One Year or Less

The culture around digital games is growing to encompass a substantial proportion of the world's population, with the age of the average gamer increasing every year. The gaming industry is producing a steady stream of games that continue to expand in their nature and impact — they can be artistic, social, and collaborative, with online gaming allowing for massive numbers of people from all over the world to participate simultaneously. The American Psychological Association has highlighted the cognitive, motivational, emotional, and social impact video games have on human behavior, and a significant body of research underlies the overwhelming potential of games to teach new forms of thought and behavior.[219] Gamification — the integration of gaming elements, mechanics, and frameworks into non-game situations and scenarios for training and motivational purposes — has added another facet to discussions surrounding the potential of games to transform teaching and learning. The gamification of learning environments is also helping museum exhibitions and programs resonate with the next generation of museum-goers.[220]

Overview

Games are the most popular category of mobile apps on the market[221] and museums across the world have created interactive mobile apps that appeal to this rising interest in gameplay.[222] Gamification is a related approach that is also gaining momentum as institutions integrate game-like elements and mechanics, including quests, experience points, leader boards, milestones, and badging into non-game environments. The Accenture report, "Why Gamification is Serious Business" highlighted the impact gamification will inevitably have as Generation Y, a demographic that is enthusiastic about online and social gaming, comes of age to become the museum patron of the future. Southeast Asia, in particular, has been identified as a region of the world that is especially promising for the impact of gamification because of online gaming trends and high rates of smartphone penetration.[223] Indeed, research on mobile gaming in museums has revealed that museum visitors feel that mobile games would enhance their learning experiences without being a distraction.[224]

Gamification has been an integral part of the consumer experience for some time now; companies have incentivized their loyal customer base for decades with frequent flyer-style programs and other cumulative reward systems. For years the mobile app Foursquare has brought gamification into the realm of social media, rewarding users with points, titles, and even tangible bonuses including coupons and discounts.[225] Indeed, as previously mentioned in this report, the Dallas Museum of Art has set the precedent by leveraging similar gamification techniques to distribute museum rewards as incentives for participation in programming and exhibitions.[226] As the correlation between gamification and increased engagement with museum programming grows stronger, more museums are seizing the potential for game mechanics to transform cultural interactions into a rewarding, fun, and memorable experience.

Museum leaders are articulating the most effective ways to create and integrate games and game-based learning. The nuances between extrinsic and intrinsic gameplay was the focus of a recent presentation at the

Museums and the Web conference. Extrinsic gameplay establishes game rules that operate independently from the museum's content, and intrinsic gameplay requires players to understand both content and gameplay in order to succeed. The session's presenter focused on several gaming examples and argued that museums need to learn the benefits and risks of each approach depending on the learning outcomes they hope to achieve.[227] Likewise, a preliminary study of the Australia National Maritime Museum's game, "The Voyage," based on the nineteenth century convict experience, revealed promising results for increased engagement and has stimulated a two-year Australian Research Council Linkage project for effective integration of gaming into museums.[228]

Relevance for Museum Education and Interpretation

Games that have gained mainstream popularity outside of museums are often viewed in a new light when they are placed in an educational context. The best selling Massively Multiplayer Online (MMO) game, "Minecraft," is a good example; it is an all-ages game in which there are no prescribed goals, and players are free to explore a seemingly infinite virtual space and construct or deconstruct their surroundings with blocks of various materials.[229] With thousands of gamers playing in their free time, and learning math and design skills along the way, leadership at the British Museum has taken note of "Minecraft's" potential for museum education. In late 2014 the museum posted a call for volunteers to build the museum virtually using "Minecraft" and received 1,000 applications in one day.[230]

Museums are increasingly working with consultants and companies from the gaming industry to develop custom interpretive materials that leverage the power and flexibility of mobile gaming. "Murder at the Met," a collaboration between the Metropolitan Museum of Art's multimedia team, Green Door Labs, and Toursphere, was one of the first museum mobile gaming projects to gain widespread attention.[231] The mobile app encourages visitors to explore galleries and search for clues in the fictional death of Madame X. Museums are also using tools such as the web-based game development software Edventure Builder to create their own customized mobile games, such as scavenger hunts at the Smithsonian American Museum of Art.[232]

Museum games can create digital experiences that focus on objects without the fear of damage from handling. With this in mind, in-house programs for families, adults, and teens that focus on game creation based on objects from museums' collections are flourishing. At the Brooklyn Museum of Art, teens utilized the TaleBlazer game-design app to collaborate on a mobile game that invites visitors to explore their Luce Visible Storage Center, home to 2,000 objects.[233] Game jams that challenge patrons to create digital games are also growing in popularity in museums around the world.[234] The Victoria and Albert Museum recently undertook a Games Designer in Residence program to carry out the museum's gaming initiatives, such as game jams.[235] Likewise, at the Getty Center, 24 students from the University of Southern California recently participated in the GettyJam to create games that encourage closer looking at the collection objects in their galleries. The teams created 12 museum games ranging from narrative story form to those that were more experiential.[236]

Games and Gamification in Practice

The following links provide examples of the games and gamification in museums:

An In-gallery Adventure Game of Resemblance
go.nmc.org/Ingall
(National Museum Australia, accessed 9 March 2015.) The Museum Game app at National Museum Australia challenges players to work as a team while they photograph, think critically about, and make connections between museum objects as they explore and later reflect on their experiences. ***>Leadership***

Mike Horn Designs Frog Pond Exhibit for Computer History Museum
go.nmc.org/frogpond
(Marilyn Sherman, Northwestern University, 13 November 2014.) An exhibit at the Computer History Museum in Mountain View, California, called "Frog Pond" is a multi-touch tabletop game that invites museum visitors to play which simultaneously introducing them to computer programming. Visitors program the actions of frogs using a graphical language. ***>Leadership***

Project Syria: An Immersive Journalism Experience
go.nmc.org/projsyr
(Nonny de la Peña, YouTube, 28 January 2014.) An immersive journalism experience created by the University of Southern California School of Cinematic Arts called "Project Syria" uses virtual reality video games to immerse players in a war zone in Syria, created using real footage and voices. These experiences help players empathize with citizens in areas they may never be able to physically visit. ***>Leadership***

For Further Reading

The following articles and resources are recommended for those who wish to learn more about games and gamification:

Serious Games Go Informal: A Museum-Centric Perspective on Intelligent Game-Based Learning
go.nmc.org/intelli
(Jonathan P. Rowe, Eleni V. Lobene, Bradford W. Mott, and James C. Lester, The Intellimedia Group, 2014.) This paper proposes a prototype game-based learning exhibit for sustainability education in science museums called "Future Worlds" that can foster significant gains in sustainability understanding and high levels of engagement based on findings from a museum-based study. ***>Leadership***

Using Biofeedback Technology for a Game That Knows Your Fear
go.nmc.org/biofeed
(Allison Meier, *Hyperallergic*, 19 February 2014.) Erin Reynolds' master's thesis project at USC's Interactive Media Program has resulted in the development of a game that gets increasingly horrifying based on the user's anxiety by incorporating a heart rate monitor to calculate players' heart rate variability. Her findings open doors for how developers can leverage biofeedback to create games that better interact with players. ***>Leadership***

Evaluating the Effects of Orchestrated, Game-Based Learning in Virtual Environments for Informal Education
go.nmc.org/evaluating
(Panagiotis Apostolellis, Doug A. Bowman, ACM, 2014.) This research explores the opportunities afforded by social experiences in museum spaces combined with serious games and collaborative virtual environments. The study found that a multiplayer design with social interactions improved engagement in the game experience. ***>Practice***

Location-Based Services

Time-to-Adoption Horizon: Two to Three Years

Location-based services (LBS) provide content that is dynamically customized according to the user's location.[237] These services are commonly delivered to mobile devices; cellular tower coordinates are often refined with GPS data to ensure a high level of accuracy in locating mobile devices. New location intelligence technologies are extending that capability into buildings and interior spaces with remarkable accuracy. Current common applications for LBS include advertising, news, social networking, and tours. In the commercial realm, location-based services have become an almost transparent way to generate actions triggered by a user's interest data and matched to their location. A recent compelling development for location-based services is the advent of indoor geolocation,[238] which is providing museum visitors with very specific information tailored to their exact location within a building, allowing fine-tuned information or services to be accessed that are very specific to where they are, not only relative to the planet's surface, but in 3D space, so that even different floors of a building can be identified.

Overview

Location-based services digitally pinpoint the physical position of an object or individual through Wi-Fi cellular networks, and most recently, Bluetooth Beacons and ByteLight technologies. The popularity of this topic in the consumer sector can be attributed to how LBS helps strengthen two-way communication between people and business. For users, location-based services conveniently provide information or recommendations pertaining to their surroundings, such as shortcuts and nearby cultural sites. LBS enables businesses to target customers with promotions that are relevant to their geographic area.[239] The proliferation of smartphones and tablets, equipped with built-in GPS and an array of sensors, has accelerated the use of location-based services. According to Pew Research Center, 74% of adult smartphone owners leverage LBS to obtain directions and other information. Additionally, many of the leading social media apps, including Facebook and Instagram, constantly prompt users to include their location. Pew reports that 30% of adult social media users opt to automatically indicate their locations when posting to these networks.[240]

In addition to mapping efficient routes for travel and enhancing social media interactions, location-based services are ripe for innovation in the museum sector. With an increasing number of people bringing their own devices with them,[241] LBS-enabled mobile apps can enrich patrons' experience by providing recommendations on specific objects, collections, or exhibits that may be of interest to them, based on their previous museum visits. When coupled with analytics about patrons' habits and movements, location-based services foster methods for tailoring the content that is dispensed. The future of the technology lies not just in discerning an individual's location, but also in delivering to them helpful information before they even ask for it.

In 2013, Apple purchased two location intelligence companies that specialize in indoor GPS, formerly Locationary[242] and WiFiSLAM,[243] signaling a new direction for location-based services. Some experts predict that powerful indoor GPS technology will soon be integrated into a microchip, making it easy to incorporate in everyday objects, including keys.[244] The US military is currently developing "Micro-PNT," which requires very little power to sense location. Additionally, Google has gathered indoor maps for places such as Wembley Stadium in London for the Google Map program.[245] These kinds of technologies have major implications for large museums, and are ushering in what *Newsweek* called "the final frontier of personalized navigation."[246] Location-based services are positioned to help people better understand their environments and even contribute their own measurements in an effort to map the entire world, inside and out. Museum docents have long been using handheld devices and kiosks to augment tours, and LBS can further enhance how patrons are guided through exhibits.

Relevance for Museum Education and Interpretation

Many museums have responded to patrons bringing their own mobile devices by providing free access to Wi-Fi throughout their public spaces and leveraging Wi-Fi triangulation to provide personalized location-based services. The Smithsonian Institution's "Tours" app, for example, provides patrons with turn-by-turn navigation to five museums, and includes a free, special tour that showcases all components of collections that include presidential artifacts.[247] Similarly, the "Montréal Museums" iPhone app uses LBS to tailor content and recommendations to patrons, identifying nearby exhibits, related activities, and more.[248] Smartphones, however, are not the only mechanisms museums are using to better connect patrons to exhibits. In earlier deployments of LBS, the Jewish Museum Berlin incorporated RFID tags on spoons that were provided to people as entry tickets as part of a personalized information system. These spoons helped lead patrons to different media stations throughout the museum, equipped with RFID readers so that they could access hidden information online and learn more about culturally significant objects.[249]

The next wave of LBS technology for museums is expanding the possibilities for indoor navigation. The Royal BC Museum in Victoria, Canada was among the first to adopt sophisticated indoor GPS, initially using Wifarer's mobile app platform to enhance exhibits with location-aware guides. Objects appear as icons on a virtual map, and physically moving towards those objects triggers additional contextual information for each object.[250] In 2015, Wifarer launched "Blue Dot" navigation; multiple Bluetooth LE beacons and RF fingerprinting were deployed at the Royal BC Museum to allow for more precise and private indoor positioning of smartphones and tablets.[251] Facebook is also testing the use of Bluetooth beacons for location-based recommendations at the Metropolitan Museum of Art in New York.[252] In the Netherlands, LabWerk's new mApp platform was designed expressly for engaging visitors with personalized museum tours.[253]

While many location-based services projects and pilots are currently underway, this topic falls on the mid-term horizon mainly because of the undertaking of retrofitting old buildings with the appropriate technologies. Successful implementation requires museums to update their physical and technical infrastructures. Researchers in Athens, Greece published a paper outlining the architectural and technology design considerations of deploying indoor GPS for museums.[254] The application of their architecture framework was prototyped through the "e-Museum Guide System." Among their recommendations for museums is the need to anticipate the various paths a patron can take from one object to another, so that every potential route can be mapped electronically.

Location-Based Services in Practice

The following links provide examples of location-based services in use that have direct implications for museums:

PanGo's Proximity Platform Powers Location-Based Guided Tour Over Tate Modern Museum's Wireless Network

go.nmc.org/pango

Tate Modern has worked with PanGo Networks and Antenna Audio to create a wireless museum docent application that uses short-range wireless networks to deliver interactive audio-visual content, based on the visitor's location in the gallery and interests. The data also allows Tate to improve its exhibits and policies by learning which areas attract the most visitors and where visitors are requesting additional information about exhibits as they tour the museum. ***>Policy***

MIT's 'Local Warming' Exhibit Previews the Energy-Saving Future of Personalized Climate Control
go.nmc.org/localwarm
An art installation dubbed "Local Warming" was displayed at Vienna Architecture Biennale, developed by MIT's Center for Wireless Networks and Mobile Computing. The technology uses Wi-Fi-based motion tracking to track the movement of people in an indoor space, sending the person's coordinates to an array of IR lamps and attendant optical elements mounted on the ceiling that respond by beaming localized heat to the person. ***>Leadership***

For Further Reading

The following articles and resources are recommended for those who wish to learn more about location-based services:

How to Increase Visitation Value for Museums Using Technology
go.nmc.org/increase
(David Morales, XStudios, 29 September 2014.) RFID and iBeacon are two location-based technologies that can personalize the visitor's unique experience within the museum while also allowing museums to see what their visitors are interacting with and for how long. Similarly to the way many websites already track their users, gathering this data can be done anonymously and without recording any personal information. ***>Policy***

Bluetooth for the Blue Period: Art and Tech Unite in MONA's Gallery App
go.nmc.org/fuse
(Claire Reilly, *CNet*, 22 December 2014.) Australia's Museum of Old and New Art's app has allowed the museum to forgo gallery wall labels which disturbed the space and could only give a limited description of each object. Museum-provided iPod touches loaded with their app, the "O," give each visitor a proximity-ordered list of collection objects that changes as they move around the museum. ***>Leadership***

iBeacons and the Personalized Museum
go.nmc.org/ibeac
(Jenny Ford, *Musings*, 27 January 2015.) iBeacons work with the Spotzer app to give museum-goers associated audio, pictures, text, and more as they approach specific collection objects and exhibits. The app can also chart a personalized route based on the user's interests and history and allows visitors to save and share their favorite works. ***>Practice***

Makerspaces

Time-to-Adoption Horizon: Two to Three Years

The turn of the 21st century has signaled a shift in the types of skillsets that have real, applicable value in a rapidly advancing world. In this landscape, creativity, design, and engineering are making their way to the forefront of educational considerations, as tools such as robotics, 3D printers, and web-based 3D modeling applications become accessible to more people. Makerspaces are increasingly being looked to as a method for engaging learners in creative, higher-order problem solving through hands-on design, construction, and iteration.[255] The driving force behind makerspaces is rooted in the Maker movement, a following comprised of artists, tech enthusiasts, engineers, builders, tinkerers, and anyone else with a passion for making things.[256] The foundation of the Maker movement was built on the success of the Maker Faire, a gathering that launched in 2006 and has since propagated itself into numerous community-driven events all over the world.[257] Museum leaders are considering the addition of makerspaces into museum floor plans to create designated areas where visitors can act on their ideas and engage more deeply with artistic concepts and media.

Overview

Makerspaces, also referred to as hackerspaces, hack labs, or fab labs, are community-oriented workshops where tech enthusiasts meet regularly to share and explore electronic hardware, manufacturing tools, and programming techniques and tricks.[258] Much of the hype around this cultural trend burgeoned around 3D MakerBot printers, a rapid-prototyping technology that requires a DIY mentality to assemble, operate, and replicate it.[259] Tools that are commonly found in makerspaces include laser cutters, soldering irons, Arduinos and Raspberry Pi computers, and circuitry gadgets as well as analog tools such as Legos and sewing devices. Makerspaces appeal to dual-use groups, such as at the Impression 5 Science Center where adult community members as well as young visitors can engage in age-appropriate, independent making.[260] Like formal education institutions, museums are aligning with the trend toward hands-on, authentic learning experiences, and more museums are starting to adapt the makerspace for cultural heritage programming.

Widespread enthusiasm behind makerspaces has helped the concept gain mainstream traction. Dale Dougherty, the CEO of Maker Media, Editor of *Make Magazine*, and creator of Maker Faire, is a major advocate of installing makerspaces into learning environments and has helped make it a part of national discussions about innovative approaches to education. Recently, the White House hosted its first ever Maker Faire, leading President Obama to publicly highlight the power of DIY to revolutionize American manufacturing and stoke innovation and job growth.[261] The Obama administration's commitment to providing students more access to tools, mentors, and spaces has led to the strategic investment of one million dollars to support makerspaces and maker-related programming in libraries and museums. Further, the Institute of Museum and Library Services will create a Maker@Your Museum and Library toolkit based on the expertise of over 50 innovative museum and library makerspaces.[262]

Makerspaces have been a part of science museums for years because of their ability to facilitate experiential learning; the

Exploratorium's Tinkering Studio is a notable example of a creative space where museum patrons can deeply engage in an investigation of science phenomena through hands-on making activities.[263] Digital making, however, is still largely unexplored territory for art museums.[264] Although art-making activities have long been a part of art museum education programs, it is the introduction of digital tools such as 3D scanning and rapid prototyping that has stimulated interest in technology-based maker programs. At the Museum Victoria in Australia, museum educators experimented with a temporary makerspace called a SmartBar where individuals could scan specimens from their marine invertebrates collection and 3D print them onsite.[265] Research on the types of competencies needed to facilitate museum makerspaces are beginning to emerge and will likely drive more widespread adoption over the coming years.[266]

Relevance for Museum Education and Interpretation

Museums are taking advantage of makerspaces to provide visitors and artists with a place for experimenting and tinkering that is integrated into their community. The Metropolitan Museum of Art's Media Lab is one of the more established museum makerspace communities that were formed to explore the ways that emerging technology can affect the museum experience. There are two major trends that are accelerating makerspace adoption: the low barrier of access to digital production tools such as Garage Band, iMovie, and 123D Catch and the rise of a do-it-yourself ethos found in hacker and maker communities.[267] Recently, the Met has been hosting 3D "Funday Meetups" to teach patrons about 3D scanning, modeling, and printing technology. A recent workshop held by sculptor Jeff Hesser involved scanning sculptures from the museum's collection, which had the valuable outcome of participants examining objects more closely than they have before.[268]

The products of maker activities have enriched online communities as well, extending the geographic reach of a museum's collection. Sketchfab, a platform for publishing and sharing 3D content online, has allowed users to make their files downloadable under Creative Commons licensing. The British Museum was the first museum to use the platform to open a collection of 14 downloadable 3D models of various statues including a bust of Julius Caesar and a red granite sarcophagus.[269] MakerBot Thingiverse is another online community for discovering, making, and sharing 3D printable objects that is being leveraged by the museum community.[270] A recent search showed 2,152 results for the term "museum" with 3D models from museums around the world including the Asian Art Museum, Royal Ontario Museum, and Museum Victoria among many others.[271]

Studies around the importance of "grit," or perseverance in the face of challenges, are also helping to justify the integration of makerspaces into museums. They are seen as dedicated spaces where young people can work on projects, solve problems, and iterate their products until they are satisfied. At the Children's Museum of Pittsburgh's MAKESHOP, young people are able to try new things without the pressure of receiving a bad grade; it is an environment where everyone is failing and focusing on how to learn from mistakes. Experimentation and grit are also the focus of the New York Hall of Science's 10 learning labs. In these makerspaces, teens use 3D printers to create solutions for community problems, including 3D printed wheels that make shopping carts more functional for the elderly.[272] While rapid prototyping has emerged as a key element in a makerspace, it is just one of many types of experiments unfolding. At the Peabody-Essex Museum's Maker Lounge, they have transformed their makerspace into a design process laboratory where visitors and staff can investigate the potential uses of wearable technologies.[273]

Makerspaces in Practice

The following links provide examples of makerspaces in use that have direct implications for museums:

Maker Corps 2015 at Children's Creativity Museum
go.nmc.org/ccm
Programming, facilitation, and exhibit spaces at

the Children's Creativity Museum (CCM) focus on guiding children away from passive media consumption and instead empower children to explore, create, and produce for themselves. CCM is hosting Maker Corps Members this year to train the CCM team on how to combine educational technologies such as the MaKey MaKey, Wonder Workshop's Dash & Dot robotics, and Scratch/Tynker with other artistic practices such as painting and sculpting. ***>Policy***

WebWise to Feature Makerspaces in Libraries and Museums
go.nmc.org/webwise
Webwise addressed policy issues around makerspaces at its conference last year with a panel of experts moderated by IMLS senior program officer Tim Carrigan. The panel covered issues of professional development, evaluation, sustainability, and institutional philosophies of making. ***>Policy***

Re:Make
go.nmc.org/remake
The Re:Make project encourages visitors and volunteers to become citizen curators, designers and makers, learning new skills or applying skills they already have to support the redevelopment of Derby's Silk Mill (site of the world's first factory). The museum staff members have included community members as partners in redeveloping an important cultural space through design, prototyping, artifact interpretation, collections preparation, and audience development. ***>Leadership***

For Further Reading

The following articles and resources are recommended for those who wish to learn more about wearable technology:

Learning Through Making
http://go.nmc.org/nsf2
(Maria C. Zacharia, National Science Foundation, 17 June 2014.) This article describes an NSF-supported study and projects that seek to broaden the participation of community members in makerspaces. Making is a critical aspect of learning and bringing in diverse makers will in turn contribute to a more diverse workforce. ***>Policy***

MAD Museum NYC Makers Biennial
http://go.nmc.org/madhouse
(Araz Hachadourian, *WNYC News*, 29 June 2014.) To celebrate and showcase the diversity and talent of the maker scene across New York City for their inaugural biennial exhibition, the Museum of Arts and Design brings together around 100 artists and craftsmen from the five boroughs to exhibit their work. The exhibition encompasses all kinds of local makers and tells captivating stories of the city. ***>Leadership***

Natural User Interfaces

Time-to-Adoption Horizon: Four to Five Years

A growing list of devices built with natural user interfaces (NUIs) accept input in the form of taps, swipes, and other ways of touching; hand and arm motions; body movement; and increasingly, natural language. Tablets and smartphones were among the first in a growing array of devices that allow computers to recognize and interpret natural physical gestures as a means of control.[274] These NUIs enable users to engage in virtual activities with movements similar to what they would use in the real world, manipulating content intuitively. Natural interaction with computers is not new, but neither has its full potential been realized. There is a rising level of fidelity in systems that understand gestures, facial expressions, and their nuances, as well as the convergence of gesture-sensing technology with voice recognition. Users' interactions with their devices are becoming more natural with gesture, expression, and voice communicating their intentions. The next wave of NUIs is electrovibration, which involves the use of an electrostatic force to produce detailed tactile sensations that users can feel.[275] Electrovibration allows users to not only provide touch-based input, but also tactile output via a wide variety of textures, topography, and other features as they interact with the screen.

Overview

Although natural user interfaces were largely popularized with the launch of the iPhone and its touchscreen in 2007, the concept of an NUI was not new at the time. Discussions around the development of interfaces beyond command line interface (CLI) and graphical user interface (GUI) started in the 1970s and 80s when Steve Mann, widely regarded as the father of wearable computing, began experimenting with human-machine interactions.[276] From his work, the idea of natural user interfaces was born, along with the potential for scientists and designers to adapt this innovation to new technologies. Museum spaces are naturally conducive to incorporating large-scale NUIs into exhibits and collections, making the topic a staple in previous editions of the museum-focused *NMC Horizon Report* series.

The potential role of natural user interfaces in sophisticated simulations and demonstrations makes the latest incarnations particularly exciting for museums, where showing a patron how an object was created is a typical activity. Elon Musk, Tesla CEO, recently developed a 3D holographic interface that resembled the science fiction-like computer in the *Iron Man* movies. Using only hand gestures, he demonstrated rocket part models before printing them.[277] Musk also spearheaded the launch of TeslaTouch, (now known as Electrostatic Vibration) at Disney Research,[278] a technology that enhances flat surfaces with tactile sensations, enabling users to feel bumps, curves, and other textures. Recently, Disney researchers invented a process to stimulate tactical feedback on smooth glass displays.[279] This technology offers many possibilities for more profound interactions with museum content, and with it, greater accessibility for disabled patrons. Applied to mobile devices, the phenomenon of electrically induced tactile sensation creates the potential for them to feel museum works.

Speech-to-speech translation is another compelling facet of NUIs. It is already common to see people interacting with voice-activated virtual assistants on their mobile devices via Apple's Siri or Google's Cortana. The next steps include new technologies like automatic translation engines; Microsoft has already released a preview of "Skype Translator," which will translate voice input in real-time and offers instant message translating in over 40 languages.[280] The potential of this technology for museums is vast, as they are common attractions for people visiting from other countries. Cultural heritage sites can especially benefit from automated foreign language translation in helping to disseminate historic information and helping visitors connect with each other around art in a common language.

Relevance for Museum Education and Interpretation

Natural user interfaces render technology transparent; transforming the way museums can present their collections and exhibitions, as well as how visitors interact with them. Gesture-based technologies have the potential to unhinge velvet ropes and allow patrons to experience collection objects by playing with them through simulated touch and other movements. As a result, more museums are integrating NUIs to engage their patrons on a deeper level. In an effort to provide patrons with a more hands-on experience with technology, Deutsches Museum München in Germany is using Intel RealSense camera technology to develop an exhibition project that will allow patrons to control a Thymio II robot with gestures.[281] Additionally, when the Cooper Hewitt, Smithsonian Design Museum reopened in December 2014, they provided each visitor, upon entry, with touch-sensitive stylus pens to draw on large, interactive tables and surfaces throughout the building.[282]

Multi-touch kiosks and walls are becoming increasingly popular for exhibits and permanent collections. At the Museum of Science + Industry Chicago, the 2014 *THINK* exhibit featured a 40-foot gesture wall that visualizes how a wide variety of data flows in patrons' daily lives in the form of solar energy and air quality. When visitors interact with the wall simply by moving their bodies in different ways they generate unique shapes, images, and colors.[283] Moreover, the American Alliance of Museums announced their 2014 MUSE Award winners and runner-ups, including National Palace Museum in Taiwan for their "New Media Art Exhibition," which made use of gesture recognition, facial mapping, augmented reality, and image recognition.[284]

These types of NUIs can have profound effects on learners.[285] Children using multi-touch displays adapt to the mechanism naturally, which has increased support for using mobiles and Microsoft Kinect. NUIs are already being used to help children with mental and physical disabilities learn new concepts and skills, making it easier for them to communicate and learn through touch, voice, and other gestures.[286] This facet of NUIs makes them particularly conducive for museum patrons with disabilities. For example, the Louvre in Paris deployed Kinect technology to enable gesture scanning of ancient objects. Visitors can manipulate a veil dating from the 4th century AD, allowing them to explore different narratives that are painted on the fabric.[287] The Tech Museum of Innovation in California is home to several exhibitions that incorporate motion-sensing innovation. In "Space Palette," visitors can play virtual instruments and create colorful visuals.[288]

Natural User Interfaces in Practice

The following links provide examples of natural user interfaces in use that have direct implications for museums:

Augmenting Masterpieces
go.nmc.org/augma
This research project addresses the design challenges of developing prototypes of new interfaces for virtual and physical interaction in the museum context and aims at creating a theoretical framework, formulating existing and desired features, testing user experience, and creating a final product to be used for

augmented museum tours at the Rijksmuseum. ***>Policy***

Maps That You Can Hear and Touch
go.nmc.org/betmaps
A group of scientists, architects, and advocates are working toward new methods of wayfinding for blind people by making maps that convey information through touch and sound. By using a Livescribe smart-pen, users can tap on icons and listen to more detailed information, such as the price for an entrance fare or what intersection the stairs lead to. ***>Leadership***

'Mind Art' Project Allows Individuals Living With Disabilities To Create Art With Their Brains
go.nmc.org/mindart
Chinese artist Jody Xiong teamed up with paint vendor Winsor & Newton to launch a project called "Mind Art," in which 16 volunteers living with disabilities wore a Neurosky headset connected to a processing unit that allowed electronic brain signals to set off tiny detonators attached to paint-filled balloons. The artists were able to trigger the individually chosen pigments to splatter across blank canvases through their deep concentration. ***>Leadership***

For Further Reading

The following articles and resources are recommended for those who wish to learn more about natural user interfaces:

Atheer Wants to be the HoloLens of the Workplace, Releases New SDK
go.nmc.org/ath
(Mark Sullivan, *VentureBeat*, 5 February 2015.) Atheer makes a virtual reality user interface called AIR - Augmented Interactive Reality, that uses a pair of smart glasses to detect the movements of the user's hands. The Atheer technology runs on a small Wi-Fi device that connects to the smart glasses. ***>Practice***

Feel Invisible 3D Shapes With Blasts of Ultrasound
go.nmc.org/invis
(Evan Ackerman, *IEEE Spectrum*, 4 December 2014.) Using an array of focused ultrasound that can create patterns of turbulence in the air, computer scientists from the University of Bristol have been able to generate 3D shapes in midair that you cannot see, but that you can touch. If paired with virtual or augmented reality technologies, this could allow visitors to feel objects normally behind museum cases or freely explore a virtual world while receiving haptic feedback. ***>Practice***

Museums of the Future Will Let You 'Touch' Treasures Behind Glass
go.nmc.org/treas
(Sarah Griffiths, *Mail Online*, 7 October 2014.) Scientists have developed interactive semi-transparent mirrors that allow people to 'touch' exhibits in museums that are behind glass, using the reflection of their fingers, to reveal information and manipulate inaccessible objects. ***>Practice***

The Internet of Things

Time-to-Adoption Horizon: Four to Five Years

The Internet of Things (IoT) is a network of connected objects that link the physical world with the world of information through the web. When TCP/IPv6 launched in 2006, it expanded the capabilities of the Internet and enabled objects, sensors, and devices to be addressable and communicate across the web.[289] This augmented address space became particularly useful for automation: in industrial and manufacturing processes, tracking technologies that monitor sensitive equipment or materials, point-of-sale purchases, passport tracking, inventory management, and identification.[290] Embedded chips, sensors, or tiny processors attached to an object can transmit information about the object such as cost, age, temperature, color, pressure, or humidity to another smart device or piece of machinery. This networked connection allows remote management, status monitoring, tracking, and alerts if the objects are in danger of being damaged or spoiled. For cultural heritage institutions, networked technologies have vast potential for improving conservation efforts, increasing access to contextual knowledge, and reinventing interaction with cultural works. Museum leaders envision collections of networked objects that tell their own stories; with IoT, histories and metadata can be potentially downloaded from the objects themselves, forever changing the paradigm of interpretation and public engagement.

Overview

It is no longer far-fetched to envision a world where all people, objects, and devices are connected to act in concert, regardless of brand or vendor. This idea is also known as The Internet of Everything (IoE), which is comprised of machine-to-machine (M2M), machine-to-person, and person-to-person networked technologies. In this environment, sensors embedded on machines, people, and objects can capture events, which are sent through the IPv6 network to applications that create actionable information. Many consumers are already familiar with IoT through their experience with Nest, a next-generation thermostat that programs itself based on its surroundings and can be controlled via a smartphone.[291] On the industry side, M2M IoT technologies are being used to modernize railways, agricultural equipment, and construction machinery with real-time monitoring capabilities.[292] In the world where the Internet of Everything is realized, many choices and decisions will be automated, making life, and potentially learning, an efficient, streamlined experience.

A long-time innovator in entertainment technology, Walt Disney World, has used IoT to develop the MagicBand, an all-in-one wristband that streamlines the vacation experience by allowing visitors to unlock their hotel rooms and buy food and merchandise with a swipe of their wrist.[293] Using IoT for enhancing visitor experience can go much further than that, however; wearable technology can monitor vital signs, which could automatically trigger messages and notifications intended specifically for the wearer. For instance, the heart rate of a roller coaster rider who was less than impressed would be sent a targeted message about a more thrilling attraction via their mobile smartphone.[294] In the museum sphere, this model can be easily adapted to increase engagement through personalization; the vital signs of a tired patron, for example, could trigger a message to their smartphone, which offers directions to a nearby courtyard where they can rest and enjoy their surroundings.

Currently, the enabling technologies for IoT such as smart sensors and chips are already well understood, easily mass-produced, and inexpensive, and a number of museums are incorporating IoT technologies in their exhibits.[295] The iBeacon, an Apple technology that works with Bluetooth transmitters and mobile apps, has become a mainstay in cultural heritage institutions that are using networked sensors to send personalized content to visitors via their smart devices.[296] In 2014, the National Museum Wales was the first national museum in the world to embark on a full-fledged IoT pilot in which 25 iBeacons were placed around their National Slate Museum to aid in visitor engagement.[297] The embedded technology allows visitors to access digital content and watch demonstrations at any time, or visit the "learning zone" in the museum and participate in online activities and quizzes on their device.[298]

Relevance for Museum Education and Interpretation

IoT carries the potential to create a museum without walls; that is, networked technology can give rise to an environment where cultural knowledge is embedded into everyday activities, and it can be accessed anytime, anyplace, and anywhere. Museum leaders see the trajectory as being aligned very closely with wearable technology, which will diminish the use of apps in favor of experiences where humans interact directly with objects in their surroundings.[299] In December 2014, the San Francisco de Young Museum began offering the first ever in-gallery tour using Google Glass enabled by a mobile storytelling platform called GuidiGO, which leverages Bluetooth LE and augmented reality technologies to create an enhanced experience. Arranged around the Keith Haring exhibit, visitors with Google Glass are automatically presented contextual audio and visual content as they approach certain pieces. Augmented reality gives them a deeper look at the collection objects and the opportunity to detect unnoticeable details.[300]

Increasing accessibility of Bluetooth and network technology is also creating conditions for memorable exhibits that engage with the visitor in unique ways. For the International Day for Mine Awareness and Assistance, the UN organized an installation in New Museum in New York City that incorporated iBeacon technology and a mobile app called "Sweeper," which detects hidden transmitters throughout the exhibit. Designed to convey the fear of living with land mines, visitors that stumbled upon a transmitter receive a jarring explosion through their headphones followed by the personal testimony of a survivor.[301] The Cooper Hewitt Smithsonian Design Museum has embarked on an innovative use of Near Field Communication (NFC) technology in an exhibit which allows visitors to carry networked styluses and capture designs using NFC labels around the museum or to create their own. Once satisfied with their creation, the visitor can send their design to an interactive screen to keep working, or share with their friends via social media.[302]

IoT is also being used to monitor the conditions of paintings and ancient artifacts in real-time through sensors. These devices can alert humans to changes in the condition of the piece, or better yet, trigger a mechanism that will improve environmental conditions to ensure preservation. In fact, environmental monitoring technology has become a crucial part of the conservation process, not just for individual objects, but also for architectural structures. The Los Angeles County Museum of Art (LACMA) is undergoing an intensive conservation project of the Watts Towers, a mid-20th century historical landmark that was constructed by hand with steel rods wrapped in wire mesh and coated with cement. To guarantee every action goes smoothly, the LACMA Conservation Department has installed a comprehensive smart system within the structure, which uses sensors located in the foundation and throughout to monitor the movement of cracks in the cement.[303]

The Internet of Things in Practice

The following links provide examples of the Internet of Things in use that have direct implications for museums:

Europeana Meets the Internet of Things in MeSch - Material EncounterS with digital Cultural Heritage

go.nmc.org/mesch

The goal of the meSch project, Material EncounterS with digital Cultural Heritage, is to provide a platform for the creation of tangible smart exhibits so that museum professionals will be able to create interactive smart objects and compose the narratives to be embedded within them without the need for specialized technical knowledge. MeSch consortium members are currently experimenting with the Europeana API to explore prototypes for smart exhibits. ***>Leadership***

The MEMORI Technology Innovation for Conservation

go.nmc.org/memori

MEMORI is an early warning system sensitive to the main degradation factors of indoor environments including climate, light, and air pollution. A dosimeter alerts users on their handheld devices if an environment may be hazardous for storing museum artifacts. The tool allows environmental data to be collected, analyzed, and visualized on-site. ***>Leadership***

Decision Support System for Museum Management through Distributed Wireless Sensing

go.nmc.org/wsn

The ELEDIA Research Center of the University Trento is testing a wireless sensor network (WSN) with an open platform called E-MUSEUM that can leverage WSN nodes to collect and transmit information wirelessly, providing evaluation and forecasting information concerning museum pieces and visitor activity. ***>Practice***

For Further Reading

The following articles and resources are recommended for those who wish to learn more about the Internet of Things:

FTC Report on Internet of Things Urges Companies to Adopt Best Practices to Address Consumer Privacy and Security Risks

go.nmc.org/ftc

(Federal Trade Commission, 27 January 2015.) In this report the staff of the Federal Trade Commission recommend a series of concrete steps that businesses and organizations can take to enhance and protect consumers' privacy and security, as Americans start to reap the benefits from a growing world of Internet-connected devices. ***>Policy***

Managing Privacy in the Internet of Things

go.nmc.org/iotprivacy

(Usman Haque, *Harvard Business Review*, 5 February 2015.) The Internet of Things will bring about a number of questions and concerns around privacy, interoperability, and data-access privileges, including how people will control which things can access the data generated by their things. ***>Policy***

The 2015 Museum Edition Expert Panel

Larry Johnson
Co-Principal Investigator
New Media Consortium
United States

Nik Honeysett
Co-Principal Investigator
Balboa Park Online Collaborative
United States

Alexander Freeman
Report Editor
New Media Consortium
United States

Samantha Adams Becker
Horizon Project Director
New Media Consortium
United States

Michele Cummins
Research Manager
New Media Consortium
United States

Kaja Antlej
University of Ljubljana
Slovenia

Jeffrey Aronowitz
Historic Jamestown-Jamestown Rediscovery Project
United States

David Asheim
Guide by Cell
United States

Jane Burton
Tate
United Kingdom

Lori Byrd Phillips
The Children's Museum of Indianapolis
United States

Suse Cairns
Baltimore Museum of Art
United States

Seb Chan
Cooper Hewitt
United States

Marc Check
Museum of Science, Boston
United States

Jim Devine
University of Glasgow
United Kingdom

Ryan Dodge
Royal Ontario Museum
Canada

Robin Dowden
Walker Arts Center
United States

Jennifer Foley
Cleveland Museum of Art
United States

Ben Garcia
San Diego Museum of Man
United States

David Greenfield
Independent
United States

Beth Harris
Khan Academy
United States

Susan Hazan
The Israel Museum
Israel

Douglas Hegley
Minneapolis Institute of Arts
United States

Amy Heibel
LACMA
United States

Anne Helmreich
Getty Foundation
United States

Luanne Kanzawa
Japanese Friendship Garden Society of San Diego
United States

Lynda Kelly
Australian National Maritime Museum
Australia

Jack Ludden
J. Paul Getty Trust
United States

Alex Morrison
Cogapp, UK
United Kingdom

Liz Neely
Independent
United States

Jen Oleniczak
The Engaging Educator
United States

Joaquin Ortiz
Museum of Photographic Arts
United States

Elizabeth Merritt
AAM
United States

Bill Meyer
Exploratorium
United States

Christopher Reich
IMLS
United States

Carolyn Royston
Independent consultant
United Kingdom

Adrianne Russell
Independent
United States

Merete Sanderhoff
Statens Museum for Kunst
Denmark

Scott Sayre
Corning Museum of Glass
United States

Marsha Semmel
Knight Foundation
United States

Charlotte Sexton
MCN
United States

Silvia Singer
MIDE Interactive Museum of Economics
Mexico

Marilyn Sklar
DAR Museum
United States

Koven Smith
Blanton Museum of Art
United States

Paul Sparrow
The Newseum
United States

Margaret Collerd Sternbergh
The Phillips Collection
United States

Sarah Stierch
Berkeley Center for New Media
United States

Neal Stimler
The Metropolitan Museum of Art
United States

Robert Trio
Hong Kong Maritime Museum
Hong Kong

Jasper Visser
The Museum of the Future Blog
Netherlands

Michael Wall
San Diego Museum of Natural History
United States

Elycia Wallis
Museum Victoria
Australia

John Weber
Institute of the Arts and Sciences, University of California, Santa Cruz
United States

Chad Weinard
Balboa Park Online Collaborative
United States

Heather Marie Wells
Crystal Bridges Museum of American Art
United States

Endnotes（注释）

1 http://www.kurtsalmon.com/en-us2/Telecoms/vertical-insight/1219/Metropolitan-Museumof-Art%3A-adapting-its-organization-to-a-digital-offering
2 http://enumerate.eu/
3 http://www.mardixon.com/wordpress/2014/01/going-viral-with-museumselfie/
4 http://lodlam.net/
5 http://crystalbridges.org/blog/distance-learning-crystal-bridge/
6 http://www.lauriefrick.com
7 http://newsroom.cisco.com/press-release-content?type=webcontent&articleId=1492465
8 http://www.aam-us.org/docs/center-for-the-future-of-museums/museumssociety2034. pdf?sfvrsn=0
9 http://www.smithsonianmag.com/arts-culture/7-ways-technology-is-changing-how-art-ismade-180952472/?no-ist
10 http://dmlcentral.net/node/5117
11 http://new.artinstitutes.edu/areasofstudy/media
12 http://www.engadget.com/2015/03/09/3d-printed-animation
13 http://www.mnh.si.edu/exhibits/walk-among-dinosaurs/
14 http://airandspace.si.edu/events/detail. cfm?id=12520
15 http://www.unesco.org/new/en/culture/themes/museums/virtual-museum-for-interculturaldialogue/
16 http://ec.europa.eu/culture/library/publications/2014-heritage-communication_en.pdf (PDF)
17 http://www.theguardian.com/culture-professionals-network/culture-professionals-blog/2014/oct/03/post-web-technology-museums-virtual-reality
18 http://www.cathproject.org.uk
19 http://www.openculture.com/2015/03/prado-creates-first-art-exhibition-for-visually-impaired.html
20 http://www.lauriefrick.com
21 https://vimeo.com/101281188
22 http://www.betaboston.com/innovation-economy/2015/01/19/spotzer-using-tech-toenhance-museum-visits-raises-first-funding/
23 http://www.museumhack.com/
24 http://www.austinchronicle.com/news/2014-01-24/alums-fight-ut-museum-funding-cut/
25 http://www.wired.co.uk/news/archive/2014-07/14/ingress-ios-john-hanke
26 http://www.wired.co.uk/news/archive/2014-07/14/ingress-ios-john-hanke
27 http://magazine.wfu.edu/2014/01/24/on-the-museum-hack/
28 http://www.stqry.com/
29 http://www.stqry.com/v/Seattle-Art-Museum/o_e96ceb7bcfe6cefa2057b79cb3c5d3bb
30 http://artmarkettechnology.com/2014/12/20/google-extends-museum-partnership-offeringlowers-barrier-for-mobile-apps/
31 http://ec.europa.eu/culture/library/reports/creative-partnerships_en.pdf (PDF)
32 http://www.nimc.co.uk/fs/doc/2.%20Museums%20and%20Creative%20Industries%20Toolkit%20-%20Getting%20started%20for%20museums.pdf (PDF)
33 http://www.partnershipmovement.org/success-stories/
34 http://www.nesta.org.uk/project/digital-rd-fund-arts
35 http://www.nesta.org.uk/blog/digital-rd-fund-arts-what-weve-learnt
36 http://www.britishmuseum.org/learning/samsung_centre.aspx
37 http://www.britishmuseum.org/learning/samsung_centre/research.aspx
38 http://newsroom.cisco.com/press-release-content?type=webcontent&articleId=1492465
39 http://www.communitymatters.org.uk/content/563/What-is-a-consortium-and-how-does-itdiffer-from-a-partnership
40 http://www.ala.org/acrl/sites/ala.org.acrl/files/content/conferences/pdf/allen.pdf (PDF)
41 http://www.museumsassociation.org/campaigns/museums2020/your-2020-vision
42 http://www.museumsassociation.org/campaigns/museums2020/12062012-museums2020-we-need-to-work-more-with-each-other
43 http://www.informationr.net/ir/18-3/paper585.html#.VN5lY2R4rOQ
44 http://www.aam-us.org/resources/center-for-the-future-of-museums/projects-and-reports/trendswatch
45 http://www.cityaccessny. org/mac.php
46 https://www.google.com/culturalinstitute/u/0/project/art-project
47 http://openglam.org/
48 http://openglam.org/the-network/
49 http://www.ne-mo.org/?id=365
50 http://www.ne-mo.org/our-topics/eu-culture-policy/nc/1.html
51 http://www.imls.gov/about/accessibility.aspx
52 http://lodlam.net/
53 http://www.metmuseum.org/about-the-museum/museum-departments/office-of-thedirector/~/media/8F68332BA88B4EE48192A9DF2AF61020.pdf (PDF)
54 http://www.historymuseum. ca/media/news/students-gain-valuable-experience-from-newcollaboration-between-canadian-museum-of-history-and-carleton-university/
55 http://www.nten.org/case-studies/2012/sharing-back-offices-in-the-cloud-the-case-of-thechattanooga-museums-collaborative
56 http://www-01.ibm.com/software/data/bigdata/what-is-big-data.html
57 http://www.wsj.com/articles/when-the-art-is-watching-you-1418338759
58 http://mw2014.museumsandtheweb.com/paper/seeing-the-forest-and-the-trees-howengagement-analytics-can-help-museums-connect-to-audiences-at-scale/
59 http://www.aam-us.org/docs/default-source/center-for-the-future-of-museums/2014_trendswatch_lores-with-tracking-chip.pdf?sfvrsn=0 (PDF)
60 http://news.artnet.com/art-world/museum-goers-are-big-datas-latest-targets-196936

61 http://www.bloomberg.com/bw/articles/2014-02-20/dallas-museum-of-art-tradesmemberships-for-data
62 http://midsizeinsider.com/en-us/engines/18/big-data-analytics-revitalizes-colorado#.VMLIkf3F9U8
63 http://senseable.mit.edu/louvre/
64 http://futureofmuseums.blogspot.com/2014/06/a-recap-of-big-data. html
65 http://www.imls.gov/about/default.aspx
66 http://www.imls.gov/research/museum_universe_data_file.aspx
67 http://enumerate.eu/
68 https://www.dma.org/press-release/dallas-museum-art-receives-institute-museum-andlibrary-services-grant
69 http://www.fastcodesign.com/3033765/fast-feed/cuny-to-open-center-for-visualizing-bigdata
70 http://dashboard.imamuseum.org/
71 http://www.clevelandart.org/about/press/media-kit/cleveland-museum-art-dashboard-nowavailable-online
72 http://www.cio.com/article/2377450/big-data/how-big-data-helped-the-norman-rockwellmuseum-grow-revenue. html
73 http://archive.wired.com/insights/2014/04/point-defiance-zoo-aquarium-uses-data-analyticspredict-attendance/
74 http://www.cnet.com/news/bluetooth-art-tech-fuse-mona-gallery-app-the-o/
75 http://samirbhowmik.cc/2014/06/26/the-data-shaped-museum-social-change-a-brief-insightfrom-museumnext-2014/
76 https://www.redia.dk/lab/the-museum-experience
77 http://theconversation.com/visits-to-australias-museums-rise-on-the-back-of-a-digitalexperience-32699
78 http://arts. gov/news/2015/surprising-findings-three-new-nea-reports-arts
79 https://museumgeek.wordpress.com/2014/08/09/when-is-a-museum-experience/
80 http://www.businessinsider.com/digital-strategy-at-the-met-2014-9
81 http://mw2015.museumsandtheweb.com/paper/the-meusthem-model-prioritizing-museumsocial-media-efforts-for-maximum-reach/
82 http://www.wsj.com/articles/museums-enter-the-brave-new-digital-world-1410905887
83 http://www.moma.org/visit/calendar/exhibitions/1445
84 http://arts.gov/news/2015/surprising-findings-three-new-nea-reports-arts
85 http://ec.europa.eu/research/infocentre/article_en.cfm?id=/research/star/index_en.cfm?p=ss-140604chess&calledby=infocentre&item=Infocentre&artid=32203
86 http://www.insidephilanthropy.com/home/2014/9/17/will-mobile-apps-really-improvemuseums-bloomberg-thinks-so. html
87 http://crystalbridges.org/blog/distance-learning-crystal-bridge/
88 http://ncartmuseum.org/virtual_public_school
89 https://www.rijksmuseum.nl/en/rijksstudio?ii=0&p=0
90 http://www.participatorymuseum.org/read/
91 http://www.participatorymuseum.org/preface/
92 http://colleendilen.com/2011/07/05/barriers-to-adapting-social-media-radical-trust/
93 http://www.svegliamuseo.com/en/social-media-al-museo-customer-care/
94 http://www.newmuseum. org/calendar/view/auntsforcamera-opening-event-byoc-bringyour-own-camera-where-the-audience-controls-the-frame
95 http://sensibleculture.org/2014/03/13/museums-and-digital-participation-reflections-onmuseumselfie/
96 http://www.mardixon.com/wordpress/2014/01/going-viral-with-museumselfie/
97 http://mw2014.museumsandtheweb.com/paper/modeling-crowdsourcing-for-culturalheritage/
98 http://themuseumofthefuture.com/2014/04/18/museums-in-times-of-social-andtechnological-change/
99 http://artmuseumteaching.com/2014/12/22/hands-on-learning-not-just-for-kids/
100 http://redarchive.nmc.org/news/time-we-let-community-do-blogging-and-why-well-do-itagain
101 http://www.imls.gov/about/21st_century_skills_list.aspx
102 http://www.pcworld.com/article/2852612/un-committee-calls-on-countries-to-protect-rightto-privacy.html
103 http://archive.artsmia.org/UserFiles/File/userfiles/about-the-museum/DNA_Executive_Summary.pdf（PDF）
104 http://www.diglib.org/archives/6096/
105 http://fryemuseum.org/program/meditation
106 http://kovenjsmith.com/archives/1446
107 http://www.rippleffect.com/news-and-views/2014/07/03/derby-museums-digitalengagement-strategy-catalyst-change/#sthash.bUyCMDF7.dpuf
108 https://medium.com/code-words-technology-and-theory-in-the-museum/the-moonbelongs-to-everyone-embracing-a-digital-mindset-in-museums-b73f48aa18a5
109 http://www.smk.dk/en/explore-the-art/free-download-of-artworks/sharing-is-caring/
110 http://colleendilen.com/2014/12/17/how-nonprofits-use-language-as-a-barrier-to-progress/
111 http://www.collectionstrust.org.uk/past-posts/going-digital-part-2-digital-strategy
112 http://www.csiro.au/Portals/Media/Australian-museums-risk-becoming-digital-dinosaurs.aspx
113 http://www.theleadsouthaustralia.com.au/industries/education/the-benefits-of-digitalmuseums/
114 http://www.nhm.ac.uk/our-science/our-work/digital-museum.html
115 http://digitalengagementframework.com/
116 http://www.kurtsalmon.com/en-us2/Telecoms/vertical-insight/1219/Metropolitan-Museumof-Art%3A-adapting-its-organization-to-a-digital-offering
117 http://www.collectionstrust.org.uk/digital-strategy
118 http://mcm.arts.gov.au/national-arts-and-culture-accord
119 http://www.powerhousemuseum.com/openhouse/
120 http://strategy2020.europeana.eu/
121 http://www.bloomberg.org/press/releases/bloomberg-philanthropies-expands-rebrandsglobal-engagement-program/
122 http://www.kurtsalmon.com/en-us2/Telecoms/vertical-insight/1219/Metropolitan-Museumof-Art%3A-adapting-its-organization-to-a-digital-offering
123 http://www.amazon.com/Digital-Heritage-Culture-Strategy-Implementation/dp/981452297X
124 http://www.ingentaconnect.com/content/berghahn/armw/2013/00000001/00000001/art00003
125 http://www.tate.org.uk/research/publications/tate-papers/tate-digital-strategy-2013-15-digital-dimension-everything
126 http://blogs.cccb.org/lab/en/article_la-transformacio-dels-museus-en-lera-digital/

127 http://www.svegliamuseo.com/en/strategia-digitale-una-mappa-per-lengagement-il-royalontario-museum-ci-spiega-come/
128 https://exhibitdev.wordpress.com/2012/09/18/digital-skills-and-staff-development
129 http://www.imls.gov/assets/1/AssetManager/21stCenturySkills. pdf (PDF)
130 http://cdn.nmc.org/media/2015-nmc-horizon-report-HE-EN.pdf (PDF)
131 http://network.icom.museum/fileadmin/user_upload/minisites/icr/pdf/StaffAndTraining_WEB.pdfPDF)
132 http://www.museumsandtheweb.com/job/senior-manager-of-museum-technology-highmuseum-of-art-woodruff-arts-center-atlanta/
133 http://www.worldwidelearn.com/online-education-guide/arts-humanities/museum-studiesmajor. htm
134 http://mcn.edu/resources/mcn-pro-workshops/
135 https://www.youtube.com/watch?list=PLXAe-JDguLm2PYO_lQoDt-Wq8qrJqOwnI&v=HPMCgAY_lZc
136 http://mcn.edu/community/special-interest-groups-sigs
137 http://www.pewinternet.org/2013/05/07/young-adults-mobile-phones-and-social-mediatechnology-and-the-transition-to-adulthood/
138 http://www.msichicago.org/fileadmin/press/case/fab_camp_release.pdf (PDF)
139 http://www.imls.gov/applicants/detail.aspx?GrantId=23
140 http://www.imls.gov/about/21st_century_skills_list.aspx
141 http://www.compt-aam.org/resources/standard-sguidelines.html
142 http://aam-us.org/resources/professional-networks/media-technology
143 http://aam-us.org/about-us/grants-awards-and-competitions/muse-awards/past-awardwinners/2014-muse-awards
144 https://medium.com/code-words-technology-and-theory-in-the-museum/museums-so-what-7b4594e72283
145 https://plus.google.com/communities/111090504723994696019
146 https://museumgeek.wordpress.com/
147 https://museumgeek.wordpress.com/2013/07/08/computer-club-awesomeness-an-interviewwith-iwms-carolyn-royston/
148 http://www.npr.org/2014/05/22/314592247/overexposed-camera-phones-could-be-washingout-our-memories
149 http://www.ipsosglobaltrends.com/index.html
150 https://medium.com/code-words-technology-and-theory-in-the-museum/the-moonbelongs-to-everyone-embracing-a-digital-mindset-in-museums-b73f48aa18a5
151 http://www.independent.co.uk/arts-entertainment/art/news/cameraphones-at-the-nationalgallery-stoke-fears-that-technology-is-leaving-us-incapable-of-deep-engagement-withanything-9673776.html
152 http://www.theartnewspaper.com/articles/To-ban-or-not-to-ban-photography/32000
153 http://www.participations.org/Volume%2011/Issue%201/16.pdf (PDF)
154 http://nameaam.org/uploads/downloadables/EXH.fall_13/4%20EXH%20f13%20Catching%20Our%20Breath_Mann_Moses_Fisher.pdf (PDF)
155 http://weareculture24.org.uk/projects/action-research/how-to-evaluate-success-online/
156 http://weareculture24.org.uk/projects/action-research/phase-2-digital-engagement/
157 http://weareculture24.org.uk/projects/action-research/phase-3-fit-for-purpose/
158 http://weareculture24.org.uk/projects/action-research/phase-4-whats-the-story/
159 http://futureofmuseums.blogspot.com/2013/04/art-viewing-and-mindfulness-meditation.html
160 http://fryemuseum.org/program/meditation
161 http://www.nytimes.com/2014/10/26/arts/artsspecial/the-met-and-other-museums-adapt-tothe-digital-age.html?_r=0
162 https://sites.tufts.edu/klebecritiques/2014/09/23/technology-for-technologys-sake-a-tragedyin-one-act/
163 https://repository.si.edu/bitstream/handle/10088/17237/opanda_EvaluationMuseumEducationalPrograms.pdf?sequence=1 (PDF)
164 http://www.slate.com/articles/technology/future_tense/2014/04/seven_new_rules_for_interacting_with_technology.html
165 http://www.debate.org/opinions/have-advances-in-technology-improved-our-lives-or-arewe-becoming-too-dependent
166 http://mwf2014.museumsandtheweb.com/paper/museums-in-social-media/
167 http://www.palazzomadamatorino.it/crowdfunding/
168 http://themuseumofthefuture.com/2014/04/18/museums-in-times-of-social-andtechnological-change/
169 http://techcrunch.com/2014/12/10/google-brings-museums-to-mobile-users-armchairtravelers-with-new-technology-platform/
170 http://www.imls.gov/research/evaluation_resources.aspx
171 http://link.springer.com/chapter/10.1007%2F978-3-319-07464-1_12#page-1
172 http://archive.artsmia.org/UserFiles/File/userfiles/about-the-museum/DNA_Executive_Summary.pdf (PDF)
173 http://impact.sp2.upenn.edu/siap/
174 http://impact.sp2.upenn.edu/siap/docs/communities_culture_capabilities/CommunitiesCultureCapabilities.v6a.pdf (PDF)
175 http://www.smithsonianmag.com/smithsonian-institution/museums-are-now-able-digitizethousands-artifacts-just-hours-180953867/?no-ist
176 http://www.damlearningcenter.com/resources/articles/digital-asset-management-helpsmuseums-achieve-mission-purpose/
177 http://ir.library.illinoisstate. edu/fpml/51/
178 http://www.rcip-chin.gc.ca/index-eng.jsp
179 http://www.rcip-chin.gc.ca/normes-standards/guide_normes_musees-museum_standards_guide/metadonnees-metadata-eng.jsp
180 http://www.digitalpreservation. gov/ndsa/nationalagenda/index.html?loclr=blogsig
181 http://www.zdnet.com/article/digital-transformation-at-the-metropolitan-museum-of-art/
182 http://www.diglib.org/archives/6096
183 http://digitalpublishingbliki.com/
184 http://media.guggenheim.org/content/pdf/new_york/SRGMThree-TieredPlanforManagingElectronicRecords.pdf (PDF)
185 http://www.guggenheim.org/new-york/press-room/news/6231-museum-develops-strategyto-preserve-electronic-records
186 http://newsroom.accenture.com/news/eighty-percent-

of-consumers-believe-total-dataprivacy-no-longer-exists-accenture-survey-finds.htm
187 http://www.pymnts.com/news/2014/how-home-depot-got-hacked/#. VMaDWf3F_0p
188 http://www.washingtonpost.com/business/economy/sonys-hacked-e-mails-expose-spatsdirector-calling-angelina-jolie-a-brat/2014/12/10/a799e8a0-809c-11e4-8882-03cf08410beb_story. html
189 http://www.experian.com/assets/data-breach/brochures/2014-ponemon-2nd-annualpreparedness.pdf（PDF）
190 http://www.cnbc.com/id/101690847#.
191 http://cmds.ceu.hu/article/2014-10-07/data-breaches-europe-reported-breachescompromised-personal-records-europe-2005.
192 http://www.wsj.com/articles/when-the-art-is-watching-you-1418338759
193 http://www.theguardian.com/culture/2014/jun/18/ashmolean-underplaying-risk-detailshacked
194 http://www.pewinternet. org/2014/12/18/future-of-privacy/
195 http://www.cio.com/article/2377450/big-data/how-big-data-helped-the-norman-rockwellmuseum-grow-revenue. html
196 http://bits.blogs.nytimes.com/2014/09/07/rethinking-privacy-on-the-internet/
197 http://news.artnet.com/in-brief/museums-have-discovered-snapchat-86089
198 http://www.washingtonpost.com/blogs/post-politics/wp/2015/01/12/obama-to-proposelegislation-on-data-breaches-student-privacy/
199 http://www.pcworld.com/article/2852612/un-committee-calls-on-countries-to-protect-rightto-privacy.html
200 http://heard.org/privacy-policy/
201 https://blog.mozilla.org/privacy/2014/11/11/mozillas-data-privacy-principles-revisited/
202 http://mw2015.museumsandtheweb.com/proposal/online-privacy-the-hydra-you-can-tame/
203 http://entertainmentdesigner.com/featured/what-trends-are-shaping-the-future-ofmuseums/#sthash.UvkM8Mjq.dpuf
204 http://mibeacons.com/news/top-ibeacons-myths/
205 http://www.cio.com/article/2387829/byod/productivity-gains-spur-intel-to-expand-byodprogram. html
206 http://www.gartner.com/newsroom/id/2909217
207 http://bluemungus.com/how-museum-operators-can-save-money-with-a-bring-your-owndevice-policy/
208 http://museum.wiki.nmc.org/Bring+Your+Own+Device
209 http://www.theartnewspaper.com/articles/To-ban-or-not-to-ban-photography/32000
210 http://www.theartnewspaper.com/articles/To-ban-or-not-to-ban-photography/32000
211 http://www.zdnet.com/article/case-study-next-generation-wi-fi-network-extends-thefernbank-museum-experience/#!
212 http://www.cisco.com/c/dam/en/us/products/collateral/security/asa-5500-series-nextgeneration-firewalls/rijksmuseum.pdf（PDF）
213 http://crystalbridges.org/blog/byod-promise-wont-tell-put-away/
214 http://seattlemuseummonth.com/Home. aspx
215 http://artmuseumteaching.com/2014/07/29/captureparklandia/
216 http://iasc-culture.org/THR/channels/THR/2015/01/art-for-datas-sake/
217 http://estimote.com/api/getting-started/intro-to-beacons.html
218 http://iasc-culture.org/THR/channels/THR/2015/01/art-for-datas-sake/
219 http://www.apa.org/pubs/journals/releases/amp-a0034857.pdf（PDF）
220 http://blog.cuseum.com/
221 http://www.dailymail.co.uk/sciencetech/article-2865373/Minecraft-Facebook-Messengercrowned-iTunes-best-selling-apps-2014.html
222 http://www.greendoorlabs.com/museum-games-directory/
223 http://www.accenture.com/us-en/outlook/Pages/outlook-journal-2013-why-gamification-isserious-business.aspx#sidebar1
224 http://scholarworks.rit.edu/cgi/viewcontent.cgi?article=9510&context=theses
225 http://expandedramblings.com/index.php/by-the-numbers-interesting-foursquare-userstats/#.U2uxPsfc1-M
226 http://npengage.com/nonprofit-marketing/the-dallas-museum-art-took-major-risk-and-theoutcome-has-been-remarkable/
227 http://mw2014.museumsandtheweb.com/paper/game-mechanics-and-the-museumdesigning-simple-gameplay-around-complex-content/
228 http://mwa2014.museumsandtheweb.com/paper/gamifying-the-museum-educationalgames-for-learning/
229 http://www.bbc.com/news/magazine-23572742
230 http://www.theartnewspaper.com/articles/Video-games-in-museums-fine-art-or-justfun/36905
231 http://www.metmuseum. org/about-the-museum/now-at-the-met/features/2012/murdergoes-mobile
232 http://www.edventurebuilder.com/Main/Explore.aspx?i=3
233 http://artmuseumteaching.com/tag/game-design/
234 http://www.rom.on.ca/en/activities-programs/programs/game-jam
235 http://www.vam.ac.uk/blog/news-learning-department/games-jam
236 http://blogs.getty.edu/iris/gettyjam-report-12-museum-games-created-in-30-hours/
237 http://www.businessnewsdaily.com/5386-location-based-services.html
238 http://spectrum.ieee.org/telecom/wireless/new-indoor-navigation-technologies-work-wheregps-cant
239 https://www.business.qld.gov.au/business/running/marketing/online-marketing/usinglocation-based-marketing-to-promote-your-business/benefits-of-location-based-marketingfor-business
240 http://www.pewinternet.org/2013/09/12/location-based-services/
241 http://mw2015.museumsandtheweb.com/proposal/bring-it-on-insuring-the-success-of-byodprogramming-in-the-museum-environment/
242 https://gigaom.com/2013/07/19/apple-buys-locationary-a-startup-building-a-wikipedia-forlocation/
243 http://techcrunch.com/2013/03/24/apple-acquires-indoor-gps-startup-wifislam-for-20m/
244 http://www.newsweek.com/2014/06/27/indoor-gps-final-frontier-personalizednavigation-255346.html
245 https://www.google.com/maps/about/partners/indoormaps/
246 http://www.newsweek.com/2014/06/27/indoor-gps-final-

frontier-personalizednavigation-255346. html
247 https://itunes.apple.com/us/app/smithsonian-visitors-guide/id545445820?mt=8
248 http://www.museesmontreal.org/en/iPhone_and_iPod_touch_app.htm
249 http://www.minervaisrael.org.il/evaminerva2012/09_juergen_sieck_location_based.pdf (PDF) 250https://gigaom.com/2012/08/01/wifarers-mobile-app-doesnt-just-map-the-indoors-it-mapsthe-objects-within/
251 http://www.prweb.com/releases/2014/12/prweb12377005.htm
252 http://www.industryleadersmagazine.com/facebook-testing-new-place-tips-app-locationbased-recommendations-service-new-york/
253 http://labwerk.pr.co/71705-mapp-first-ibeacon-platform-for-museums
254 http://www.academia.edu/175654/Location_Based_Guidance_Services_in_a_Museum_Environment_Deployment_Issues_and_a_proposed_architectural_approach
255 http://thejournal.com/articles/2014/04/30/the-maker-movement-conquers-the-classroom.aspx
256 http://makerfaire.com/maker-movement/
257 http://makerfaire.com/makerfairehistory/
258 http://makezine.com/2013/05/22/the-difference-between-hackerspaces-makerspacestechshops-and-fablabs/
259 http://www.makerbot.com/
260 http://michiganradio.org/post/time-michigans-museums-get-even-more-hands
261 https://www.youtube.com/watch?v=7wHorfRvvcE
262 https://www.whitehouse.gov/the-press-office/2014/06/18/fact-sheet-president-obama-hostfirst-ever-white-house-maker-faire
263 http://tinkering.exploratorium.edu/about
264 http://museummaking.com/about
265 http://museumvictoria.com.au/about/mv-blog/may-2013/3d-printing-at-smartbar-/
266 http://www.academia.edu/7917988/Research_Summary_Competencies_for_Professionals_in_Learning_Labs_and_Makerspaces
267 http://www.metmuseum.org/about-the-museum/museum-departments/office-of-thedirector/digital-media-department/digital-underground/posts/2013/introducing-the-medialab
268 https://ardenkirkland.wordpress.com/2014/03/29/3d-funday/
269 http://mashable.com/2014/10/31/british-museum-3d-printing-sketchfab/
270 http://www.thingiverse.com/about
271 http://www.thingiverse.com/search/page:14?q=museum&sa=
272 http://remakelearning.org/blog/2014/06/09/why-makerspaces-give-kids-space-to-fail-andwhy-thats-a-good-thing/
273 http://pem.org/learn/maker_lounge
274 http://arstechnica.com/gadgets/2013/04/from-touch-displays-to-the-surface-a-brief-historyof-touchscreen-technology/
275 http://www.gartner.com/it-glossary/electrovibration
276 https://www.interaction-design.org/encyclopedia/wearable_computing. html
277 http://inhabitat.com/elon-musk-unveils-his-iron-man-inspired-hand-manipulated-3dholographic-technology/
278 http://www.disneyresearch.com/project/teslatouch/
279 http://www.techspot.com/news/54276-disney-researchers-use-electrostatic-to-create-hapticfeedback.html
280 http://www.theverge.com/2014/12/15/7393665/skype-translator-features
281 https://www.youtube.com/watch?v=ApyGY6j6Jo8
282 http://www.nytimes.com/2014/10/26/arts/artsspecial/the-met-and-other-museums-adapt-tothe-digital-age.html?_r=0
283 http://www.msichicago.org/about-the-museum/press/think/
284 http://www.npm.gov.tw/en/Article. aspx?sNo=04005119
285 http://www.zdnet.com/article/gesture-based-tech-a-future-in-education/
286 http://gesturesen.wikispaces.com
287 http://www.polygon.com/2013/1/18/3890894/louvre-exhibit-becomes-better-with-kinectallows-gesture-scanning-of
288 http://www.thetech.org/special-exhibitions/space-palette
289 http://en.wikipedia.org/wiki/IPv6
290 ttps://www.isa.org/standards-and-publications/isa-publications/intech-magazine/2014/marapr/cover-story-internet-of-things/
291 https://nest.com/thermostat/life-with-nest-thermostat/
292 http://www.slideshare. net/Eurotechchannel/eth-m2-mtransportationminingagriculture20131106?related=2
293 https://disneyworld.disney.go.com/faq/bands-cards/understanding-magic-band/
294 http://entertainmentdesigner.com/news/theme-park-design-news/internet-things-mightmean-theme-parks-museums-fun-places/
295 http://www.computerworld.com.au/article/558239/teched-developing-internet-thingscheap-chips/
296 https://gigaom.com/2013/09/10/with-ibeacon-apple-is-going-to-dump-on-nfc-and-embracethe-internet-of-things/
297 http://www.museumwales.ac.uk/news/?article_id=840
298 https://www.youtube.com/watch?v=ii_Na3AewKc&feature=youtu. be (Video)
299 http://www.collectionstrust.org.uk/latest-posts/wearables
300 http://blog.guidigo.com/blog/guidigo-new-storytelling-platform-enhances-keith-haring-exhibition-at-the-de-young-museum-through-google-glass/
301 http://9to5mac.com/2014/03/31/united-nations-uses-ibeacons-to-simulate-a-minefield-raiseawareness-at-ny-museum/
302 http://nxp-rfid.com/cooper-hewitt-design-museum-uses-ntag203-enabling-visitors-createdigital-designs/
303 http://www.dataloggerinc.com/content/applications/construction/669/monitoring_and_repairing_a_natural_historic_landmark/